Adolf Holtzmann

Arjuna - ein Beitrag zur Rekonstruktion des Mahabharata

Verlag
der
Wissenschaften

Adolf Holtzmann

Arjuna - ein Beitrag zur Rekonstruktion des Mahabharata

ISBN/EAN: 9783957004826

Auflage: 1

Erscheinungsjahr: 2015

Erscheinungsort: Norderstedt, Deutschland

Hergestellt in Europa, USA, Kanada, Australien, Japan
Verlag der Wissenschaften in Hansebooks GmbH, Norderstedt

Verlag
der
Wissenschaften

ARJUNA.

EIN BEITRAG ZUR RECONSTRUCTION

DES

MAHÀBHÀRATA

VON

ADOLF HOLTZMANN.

STRASSBURG.
VERLAG VON KARL J. TRÜBNER.
LONDON: TRÜBNER & CO.
1879.

Arjuna ist der dritte Sohn des Pâṇḍu und der Kuntî oder Pṛithâ, einer der berühmtesten Helden des Mahâbhârata. Sein eigentlicher Vater, nach der jetzt vorliegenden Gestaltung des Gedichtes, ist der Gott Indra. Mit seinen beiden Frauen, Kuntî und Mâdrî, zieht König Pâṇḍu auf der Südseite des Himavat umher, nach der einen Darstellung 1, 114, 7 = 4475 um dort zu jagen, nach der andern 1, 119, 48 = 4637 um dort zu büssen. Dort auf dem Himavat werden die drei Söhne der Pṛithâ und die zwei der Mâdrî geboren, nach längerer Kinderlosigkeit ihrer Mütter von dem Vater durch harte Busse den Göttern abgerungen; ja nach der jetzigen Darstellung sind die fünf Brüder geradezu von den Göttern selbst gezeugt. Hinter Karṇa, dem Sohne der Pṛithâ und des Sonnengottes Sûrya, durften Arjuna und seine Brüder nicht zurückstehen, auch ihnen wurde ein göttlicher Ursprung angedichtet und derselbe Zauber, womit Pṛithâ einst den Sûrya vom Himmel herabgezwungen hatte, musste nun auch den Yama, den Vâyu, den Indra und die beiden Açvin der Reihe nach zu Pṛithâ herabrufen. Durch den Fluch eines Brahmanen, wird erzählt, war Pâṇḍu zur Kinderlosigkeit verdammt; daher zwingt Kuntî, auf seinen Befehl, nachdem sie von Yama den Yudhishṭhira und von Vâyu den Bhîmasena geboren, den Indra vom Himmel herab 1, 123, 35 = 4791 und dieser zeugt nun den Arjuna, dessen Geburt dann hier und 5, 137, 1 = 4644 mit dem ganzen puranenmässigen Apparate von himmlischen Stimmen (diese auch 5, 90, 65 = 3194 erwähnt), Paukenschall, Blumenregen, tanzenden Apsaras und musicierenden Gandharva erzählt wird; alle Götter, Brahman voran, segnen den Neugebornen. So ist also Arjuna ein Sohn des Indra, aber ebenso häufig wird er Sohn des Pâṇḍu genannt, ja oft in einem Verse nach beiden Vätern Pâṇḍu-Sohn und Indra-Sohn betitelt, z. B. 2, 27, 23 = 1031.

Auf dem Çataçriñga, dem Orte seiner Geburt, und andern Höhen des Himavat verlebt Arjuna seine erste Jugend. Nach dem frühen Tode des Pâṇḍu bringen büssende Brahmanen die fünf Kinder nach Hastinâpura 1, 126, 9 = 4905, wo diese von Bhîshma und Dhṛitarâshṭra freundlich aufgenommen werden. Mit seinen Brüdern und seinen Vettern, den hundert Söhnen des Dhṛitarâshṭra, wird Arjuna in der Elephantenstadt erzogen. Sein Pflegvater ist Bhishma; dieser hat 5, 95, 38 = 3421 „die von ihrem Vater verlassenen Pâṇḍava gross gezogen“. Seine Lehrer sind Kṛipa und Droṇa, auch des letzteren Sohn Açvatthâman nach 1, 131, 51 = 5148, während nach einer andern Stelle 1, 132, 17 = 5227 derselbe Açvatthâman, obwohl von seinem Vater heimlich unterstützt, mit Arjuna vergeblich rivalisiert. Ehe Droṇa seinen Unterricht beginnt, will er seinen Schülern das Versprechen abnehmen, ihm, wann sie ausgelernt hätten, zu geben, was er immer verlangen würde; aber nur Arjuna gibt dieses Versprechen 1, 132, 7 = 5217. In allen Waffenkünsten, aber besonders im Pfeilschiessen übertrifft Arjuna bald alle seine Mitschüler; er übt sich auch des Nachts bei Lampenschein, und als ihm auf Befehl des Droṇa die Lampe entzogen wird, lernt er im Dunkeln das Ziel treffen. Als Droṇa, dessen Liebling Arjuna bald geworden ist, dies bemerkt, verspricht er ihm erfreut, er wolle ihn zum besten aller Bogenschützen auf der ganzen Erde machen. Dies gelingt ihm auch; späterhin ist Arjuna zwar in allen Kriegskünsten Meister, doch sind ihm Pfeil und Bogen immer die liebste Waffe.

Nur einer unter den vielen Prinzen, welche bei Droṇa lernen, übertrifft noch den Arjuna in der Bogenkunst, nämlich Ekalavya. Daher beklagt sich Arjuna bei Droṇa und Ekalavya wird vom Unterrichte ausgeschlossen. Aber er übt sich ohne Lehrer weiter und erreicht eine ausserordentliche Sicherheit. Da sucht Droṇa den Ekalavya auf und verlangt von ihm als Lehrgeld den rechten Daumen. Ohne Besinnen schneidet Ekalavya sich den Daumen ab und kann nun nicht mehr so rasch die Pfeile abschiessen wie vorher.

Einmal stellt Droṇa seine Schüler auf die Probe 1, 232, 67 = 5276; das hölzerne Bild eines Geiers soll getroffen werden und Droṇa fragt die schussbereiten Prinzen, ob sie den Geier, ob sie ihren Lehrer und ihre Mitschüler sähen. Alle bejahen die Frage und werden nicht zum Schusse zugelassen, nur Arjuna gibt die richtige Antwort: er sieht nur das Ziel, und als die Frage wiederholt wird, sagt er, er sehe nur den Kopf des Geiers. Jetzt wird ihm befohlen abzuschiessen und er trifft den Geierkopf, welcher zu Boden fällt.

Bald darauf wird Droṇa beim Baden in der Gaṅgâ von einer Wasserschlange gepackt; Arjuna rettet ihm das Leben, indem er die Schlange durch einen Pfeilschuss tödtet, worauf Droṇa ihm seinen Bogen Brahmaçiras zu schenken verspricht, von welchem jedoch jener nur gegen übermenschliche Wesen Gebrauch zu machen sich verpflichtet 1, 133, 21 = 5309. Die wirkliche Schenkung erfolgt erst späterhin 1, 139, 8 = 5524. Es folgt die Erzählung der Prüfung, welche Droṇa vor den Augen der alten Helden der Kaurava und unter dem Vorsitze Bhîshma's mit seinen Schülern abhält. Hier zeigt Arjuna nun seine überlegene Kraft und Gewandtheit. Doch ist dieses Stück sehr überarbeitet; z. B. ist der junge Arjuna hier bereits im Besitze aller möglichen Götterwaffen 1, 135, 19 = 5365. Schon bei dieser Schulprüfung wird der Neid des Duryodhana und seines Freundes Karṇa, sowie der Hass des Arjuna gegen beide hervorgehoben; zuerst verweist es Arjuna dem Karṇa, dass er, der Fuhrmannssohn, überhaupt hier zu erscheinen und das Wort zu ergreifen wage. Bei einem Scheinkampfe zwischen Arjuna und Karṇa kommt ersterer ins Gedränge, daher ihn sein Vater Indra mit einer Nebelwolke bedeckt; Karṇa dagegen wird von seinem Vater Sûrya in das helle Sonnenlicht gestellt: vielleicht ein alter Zug. Dass überhaupt eine alte Erzählung über diese Prüfung vorlag, zeigt die noch immerhin günstige Beurtheilung des Karṇa; es wird bemerkt, er habe in keinem Stücke dem Arjuna nachgestanden, und nach der Prüfung erklärt Yudhishṭhira für den besten aller Bogenschützen den Karṇa.

Nach dieser Prüfung erklärt Droṇa den Unterricht für abgeschlossen und verlangt als Belohnung oder Lehrgeld, Arjuna mit den andern Schülern solle ihm seinen Feind und Beleidiger Drupada von Pancâla gefangen vorführen. Lehrer und sämmtliche Schüler greifen die Stadt des Königs Drupada an, Arjuna kämpft mit dessen Sohne Satyajit, wird von ihm verwundet, besiegt ihn aber zuletzt 1, 138, 46 = 5484 und nimmt den Drupada selbst gefangen, dessen Leben er gegen seinen wilden Bruder Bhîmasena schützt. Zum Danke erlaubt Droṇa dem Arjuna, vorkommenden Falles gegen ihn, seinen Lehrer, zu fechten 1, 139, 14 = 5520. Die Absicht dieses letztgenannten Einschiebsels ist deutlich: es soll jeder Vorwurf von Arjuna zum Voraus abgewälzt werden, dass er die Hand gegen seinen Lehrer erhoben habe.

Weil die schlimmen Pläne und Nachstellungen des Duryodhana den fünf Brüdern das Leben in Hâstinapura verleiden, verlassen sie mit ihrer Mutter Kuntî die Stadt, um nach Vâraṇâvata zu ziehen. Auf dieser Reise haben sie viel unter den Nachstellungen zu leiden, welche Duryodhana ihnen aus der Ferne bereitet. Auf der Weiterreise hören sie von der Schönheit der Kṛishṇâ, der Tochter des früher von ihnen besiegten Königs Drupada, und beschliessen um sie zu freien. Als sie auf dem Wege nach der Stadt der Pancâla über die Gan̄gâ setzen müssen, wird Arjuna in einen Kampf verwickelt mit An̄gâraparṇa oder Citrasena, einem Könige der Gandharva, den er dort in seinen Spielen gestört hat. Aber nachdem Arjuna seinen Gegner besiegt hat 1, 170, 32 = 6467, schliessen sie Freundschaft und beschenken sich gegenseitig; der Gandharva erhält eine Feuerwaffe (âgneyam astram), einen Bogen, welchen Arjuna von Droṇa geschenkt bekommen hatte, und schenkt dafür von seinen trefflichen Pferden, welche jedoch Arjuna ihn vorläufig zu behalten bittet, bis er ihrer bedürfe. Nun ziehen die fünf Brüder weiter und gelangen endlich in die Stadt der Pancâla, wo gerade die Gattenwahl der Draupadî oder Kṛishṇâ stattfinden soll. Der Vater der Braut, König Drupada, wünscht insgeheim, dass Arjuna zur Gattenwahl sich einstellen und seine Tochter gewinnen möge 1, 185, 8 = 6952. Er lässt die versammelten Fürsten zusammentreten, Kṛishṇâ tritt in den Kreis, ein goldener Fisch wird in der Höhe schwebend aufgehängt und es wird verkündet, wer diesen durch das Auge träfe, habe die Königstochter gewonnen. Die Namen der versammelten Fürsten, worunter auch Duryodhana und Karṇa, werden ausgerufen; die fünf Pâṇḍava sind unerkannt, als Brahmanen verkleidet, zugegen. Die Könige wollen den ungeheuern Bogen spannen, aber einer nach dem andern sinkt unter dessen Wucht zu Boden; sie verlassen zornig und eilig die Versammlung. Nur Karṇa hebt und spannt den Bogen und legt den Pfeil auf, aber Kṛishṇâ wehrt ab: „einen Fuhrmannssohn wähle ich nicht“. Da erhebt sich der als Brahmane anwesende Arjuna; er trifft das Ziel, dass es klirrend zu Boden fällt. Nun reicht Kṛishṇâ dem Arjuna den Kranz. Auffallender Weise verlassen dann diese beiden die Versammlung, die Könige aber, ergrimmt über Drupada, dass er die Tochter einem Brahmanen gegeben, da doch die Gattenwahl nur ein Brauch der Krieger sei, stürmen mit den Waffen auf Drupada ein. Dieser flieht, aber Arjuna, der also anwesend ist, obwohl eben erst seine Entfernung gemeldet wurde, und sein Bruder Bhîmasena kommen ihm zu Hilfe, greifen die Könige an und schlagen sie in die Flucht. Bei dieser Gelegenheit dringt Karṇa auf Arjuna ein, lässt aber von ihm ab, weil er ihn für einen Brahmanen hält. Mit der gewonnenen Kṛishṇâ zieht Arjuna sich zurück in die Wohnung seiner Mutter Kuntî, und da diese bemerkt, dass keiner der Brüder dem andern den Besitz der Kṛishṇâ gönnt, fürchtet sie den Ausbruch heftiger Feindschaft unter ihnen und legt ihnen den Gedanken nahe, Draupadî solle die gemeinschaftliche Frau aller fünf Brüder werden, was dann auf den Vorschlag des Yudhishṭhira auch von diesen beschlossen wird, zumal da auch Kṛishṇa, den die Brüder bei Gelegenheit dieser Gattenwahl in der Stadt der Pancâla kennen gelernt haben, diesen Vorschlag unterstützt. Am andern Tage geben sich die fünf Brüder dem Drupada zu erkennen und nach langen Verhandlungen wird wirklich Kṛishṇâ der Reihe nach mit allen fünfen vermählt. 1, 198, 11 = 7339.

Der Bericht über diese Gattenwahl ist verdorben, die einzelnen Stücke passen nicht recht aufeinander. Wahrscheinlich sind hier zwei verschiedene Redactionen in einander verschmolzen, nach deren einer Arjuna sich durch Gewalt, nach der andern verkleidet und durch List die Kṛishṇâ erwarb.

Nun lässt Duryodhana durch Vidura die Brüder zu sich nach Hâstinapura einladen. Mit ihrer Mutter, mit ihrer gemeinschaftlichen Frau und mit Kṛishṇa, mit welchem in der Stadt der Pancâla besonders Arjuna Freundschaft geschlossen hat, ziehen sie nach Hâstinapura; dort wird, um für die Zukunft allen Feindseligkeiten vorzubeugen, auf den Vorschlag des Bhîshma die Hälfte des Reiches mit der Hauptstadt Indraprastha oder Khâṇḍavaprastha dem Yudhishṭhira abgetreten und sie ziehen dorthin. Nun treten, wie es scheint, Misshelligkeiten zwischen Arjuna und seinem ältesten Bruder ein, hauptsächlich erregt durch die Eifersucht auf Draupadî; doch ist in unserer jetzigen Redaction des grossen Gedichtes dieser Sachverhalt verdeckt und beschönigt, cf. Lassen Ind. Alterth. I [1]670. [2]819. Es heisst nur, die Brüder hätten einen Vertrag gemacht, wer zu Kṛishṇâ gehe, wenn schon einer bei ihr sei von den fünfen, der müsse auf zwölf Jahre in den Wald ziehen (1, 212, 28 = 7739, deutlicher 1, 214. 25 = 7800). Nun sei einem Brahmanen aus Indraprastha eine Kuh gestohlen worden; derselbe habe sich an Arjuna um Hilfe gewandt und dieser sie ihm zugesagt. Um aber seine Waffen zu holen, musste Arjuna das Gemach betreten, in welchem sich gerade Yudhishṭhira und Kṛishṇâ befanden 1, 213, 21 = 7762, und somit hatte er den Vertrag gebrochen. Nachdem Arjuna den Dieb aufgefunden und die Kuh dem Besitzer zurückerstattet hat, erklärt er den Vertrag erfüllen zu wollen, und zieht trotz der lebhaften Einrede des Yudhishṭhira in den Wald.

Während seines zwölfjährigen Wanderlebens besteht er verschiedene Abenteuer. Zunächst besucht er die heiligen Wallfahrtsorte. Als er sich bei Gañgadvâra mit dem heiligen Wasser der Gañgâ besprengt, erfasst ihn die verliebte Schlangenprinzessin Ulûpî, des Kauravya Tochter, und zieht ihn hinab auf den Grund des Wassers, in den Palast der Schlangen 1, 214, 13 = 7788. Dort wird sie von ihm Mutter des Irâvat, cf. 6, 90, 7 = 3977. An diese Liebesgeschichte schliesst sich 1, 215, 15 = 7826 eine andere mit Citrâṅgadâ, der Tochter des Königs Citravâhana von Maṇipûra. Er bleibt drei Jahre in dieser Stadt und zieht weiter, nachdem ihm Citrâṅgadâ einen Sohn, den Babhruvâhana, geboren 1, 217, 24 = 7883; denn es war bei der Eheschliessung ausgemacht worden, dass er den Sohn nicht mit sich fortnehmen dürfe. Er kommt an fünf heilige Teiche und wundert sich, sie von Wallfahrern gänzlich verlassen zu sehen; man sagt ihm, dass dort fünf gewaltige Crocodile hausen. Es sind dies aber verzauberte Apsaras, verflucht in jenen Teichen verwandelt zu leben, bis ein tugendhafter Mann an jene Teiche kommen und sie herausziehen werde, dadurch würden sie ihre frühere Gestalt wieder erhalten. Es ist Arjuna, welcher nun die fünf Apsaras auf diese Weise entzaubert. (Ueber Arjuna bei den Nârîtîrtha vgl. auch 3, 118, 4 = 10217). Darauf zieht er weiter, besucht in Maṇipûra seine Frau Citrâṅgadâ wieder und kommt von Gokarṇa nach Prabhâsa, wo er seinen Freund Kṛishṇa trifft. Diesen begleitet er in seine Stadt Dvârakâ 1, 218, 15 = 7899 und raubt, mit seiner Zustimmung, bei Gelegenheit eines grossen Festes, dessen Schwester Subhadrâ 1, 220, 7 = 7937. Zwischen ihm und den erzürnten Vṛishṇi-Fürsten vermittelt dann Kṛishṇa; es habe sich, sagt er entschuldigend, für einen Krieger wie Arjuna nicht geschickt sich eine Frau zu kaufen, wie man sich etwa ein Hausthier kaufe. Nachdem in der Stadt der Vṛishṇi die feierliche Hochzeit gefeiert worden ist, hält sich Arjuna noch so lange in Dvârakâ auf, bis die zwölf Jahre vorüber sind. Dann kehrt er mit Subhadrâ nach Indraprastha zurück, wohin bald darauf Kṛishṇa mit grossem Gefolge und mit reichen Geschenken, der Mitgift der Subhadrâ, nachkommt 1, 221, 44 = 8004. Die andern Vṛishṇi kehren bald wieder in ihre Stadt zurück, Kṛishṇa bleibt noch in Indraprastha. Bald darauf werden dem Arjuna zwei Söhne geboren, Abhimanyu von der Subhadrâ 1, 221, 65 = 8025 und Çrutakarman von der Kṛishṇâ 1, 221, 79 = 8039.

Es folgt die Erzählung vom Brande des Khâṇḍava-Waldes. Einst lustwandeln Arjuna und Kṛishṇa am Ufer der Yamunâ, da besucht sie der Feuergott Agni in Gestalt eines Brahmanen 1, 222, 30 = 8070 und trägt seine Bitte vor: er wolle den Khâṇḍava-Wald verzehren, werde aber von Indra daran gehindert; so oft er auch anfange den Wald in Brand zu setzen, stets lösche Indra durch seinen Regen die Flamme wieder aus. Er bittet die beiden Freunde ihm zu helfen und dem Regen abzuwehren; Brahman selbst habe ihn an sie gewiesen. Alsbald erklärt Arjuna 1, 224, 15 = 8167, er sei bereit mit allen Göttern zu kämpfen, nur fehle es ihm an einem Bogen, einem Kriegswagen und an guten Pferden. Nun erhält Arjuna auf Bitten des Agni von Varuṇa einen Bogen, den berühmten Gâṇḍîva, ferner einen Wagen mit dem Affenbilde im Banner und weisse Gandharva-Pferde. Letztere rühren nach der oben erwähnten Geschichte von Citraratha her, während sie hier ein Geschenk des Varuṇa sind. — Hoch erfreut besteigt Arjuna den Wagen, Agni zündet den Wald an und Vögel und Menschen, die sich retten wollen, werden von Arjuna's Pfeilen getödtet und die Leichen fallen in das Feuer zurück. Geängstigt durch die zum Himmel auflodernden Flammen fängt Indra zu regnen an, aber durch die Glut des Feuers trocknen die Wassertropfen in der Luft aus. Gift speiend kommen die Schlangen gegen Arjuna, aber er zerspaltet allen das Haupt, nur einem Schlangenfürsten, dem Açvasena, gelingt es sich zu retten. Eine Menge Waldbewohner, Daitya, Gandharva, Râkshasa, Yaksha greifen den Arjuna an, ihn zu tödten; dieser und Kṛishṇa richten eine grosse Verwirrung unter ihnen an. Zuletzt kommen alle Götter unter Anführung des Indra gegen die beiden Helden angestürmt. Steine, Felsen, ganze Berge werden von Indra gegen Arjuna geworfen und durch den Pfeilregen des Gâṇḍîva zurückgeschleudert. Eine Stimme vom Himmel, über deren Ursprung wir im Dunkeln gelassen werden, beruhigt die besiegten Götter 1, 228, 16 = 8300: Der Brand von Khâṇḍava sei durch das Schicksal bestimmt, also unvermeidlich, Arjuna und Kṛishṇa aber seien zwei alte Ṛishi, Nara und Nârâyaṇa, und unbesieglich. Nun ziehen die Götter sich zurück, der Wald brennt fort und fort fünfzehn Tage lang, eine Menge Daitya, Dânava, Râkshasa und Schlangen kommen um, nur den um Schutz flehenden Asuren Maya verschont

Arjuna. Nachher kommt Indra vom Himmel herab, belobt den Arjuna wegen seiner Tapferkeit 1, 234, 8 = 8468 und stellt ihm eine Gnade frei. Da begehrt Arjuna solche Waffen, wie die Götter sie führen. Aber Indra entgegnet, dazu müsse sich Arjuna zuerst die Gunst und Gnade des Çiva erworben haben. Der dankbare Maya holt nun für Arjuna aus dem See Bindusaras das Muschelhorn Devadatta 2, 3, 3 = 60 und baut den fünf Brüdern einen herrlichen Palast.

Auf Andringen des kampflustigen Arjuna 2, 16, 7 = 266 unternimmt darauf Yudhishṭhira die Bekämpfung des mächtigen Königs Jarâsandha von Magadha, der viele andere Könige gefangen hält; diese müssen befreit werden, weil Yudhishṭhira vorhat ein Königsopfer zu feiern, wozu die Assistenz einer Menge von Königen nothwendig ist. Zu dem Kampfe mit Jarâsandha wählt Yudhishṭhira aus den Arjuna, den Bhîmasena und den Kṛishṇa. Dieser nun folgende Abschnitt über den Fall des Jarâsandha ist sehr ungeordnet, der Ausdruck im Einzelnen ungeschickt und unklar, doch ist so viel zu erkennen, dass Jarâsandha sich edel und offen zeigt, Kṛishṇa dagegen allerlei Listen anwendet. Die drei Genossen betreten als Brahmanen verkleidet den Palast des Jarâsandha, der sie freundlich aufnimmt, aber alsbald bemerkt, sie seien wohl keine Brahmanen, da man auf ihren Armen die Spuren bemerke, welche der angestemmte Bogen dort eingedrückt. Die ganze Verhandlung mit Jarâsandha führt Kṛishṇa allein; Arjuna spricht, nach dessen Anweisung, kein Wort und Kṛishṇa entschuldigt ihn, er habe das Bussgelübde des Stillschweigens gethan. Die Bedeutung aller dieser Verstellungen und Verkleidungen ist unerfindlich. Zuletzt erklärt Kṛishṇa dem Jarâsandha, er müsse entweder alle die gefangenen Könige (welche, wie hier angenommen wird, dem Çiva sollen geopfert werden) freigeben oder mit einem von ihnen kämpfen. Da wählt Jarâsandha den Kampf mit Bhîmasena und wird von diesem getödtet. Darauf kehren Kṛishṇa und die beiden Brüder nach Indraprastha zurück 2, 24, 46 = 968. Dort will nun Yudhishṭhira das Königsopfer begehen, dazu ist es aber vorerst nöthig, alle Fürsten der Erde tributpflichtig zu machen. Während also die andern Brüder, Bhîmasena, Sahadeva und

Nakula nach Osten, Süden und Westen ziehen und alle Fürsten in diesen Weltgegenden unterwerfen, die dann versprechen müssen bei dem Königsopfer sich einzustellen, hat Arjuna dasselbe für die nördliche Gegend zu thun unternommen 2, 26, 2 — 995. Auf dem von Agni geschenkten Wagen zieht er dahin und die jedesmal besiegten Könige müssen sich ihm anschliessen. Er besiegt eine Menge Völker, die Kulinda, Ânartta, Kâlakûta, die in den Bergen wohnenden Dasyu, die Völker Trigarta (deren Besiegung durch Arjuna auch 5, 166, 12 — 5759 erwähnt wird), Dârva, Kokanada, Suhma, Cola, Bâhlîka, Darada, Kâmboja, die räuberischen Waldbewohner des Nordostens, die Loha, die äussersten Kâmboja, die Ṛishika, aus deren Land er acht Pferde mit sich fortführt, und viele andere. Er unterwirft die Insel Çâkala, er besiegt die Fürsten Prativindhya, Bṛihanta, Senâbindu, Modâpura, Vâmadeva, Sudâman, Susaṅkula, Vishvagaçva, Rocamâna, während ein anderer Fürst, Bhagadatta, König von Prâgjyotisha, nach achttägigem Kampfe erklärt, er wolle freiwillig zu dem Opfer des Yudhishṭhira beisteuern, weil er stets ein Freund des Pâṇḍu gewesen sei, womit Arjuna sich zufrieden gibt. (Ueber Arjuna und Bhagadatta vgl. 5, 167, 36 = 5805). Ebenso unterwirft er die Reiche Kâçmîra, Lohita, erobert er die Städte Abhisârî, Siṁhapura u. a. Ja er zieht sogar über den Himavat hinaus zum Berge Çveta, kommt in das Land der Kimpurusha und der Guhyaka, an den See Mânasa, in das Land der Gandharva (auch hier holt er sich Pferde) und will dann die Stadt der Uttarakuru angreifen, aber an den Thoren ermahnen ihn die Wächter umzukehren, kein Sterblicher könne die Stadt betreten und für irdische Sinne sei dieselbe gar nicht wahrnehmbar. Da kehrt Arjuna um und gelangt schätzebeladen wieder in Indraprastha an 2, 28, 20 = 1057. Nachdem nun auch die andern Brüder siegreich wieder eingetroffen, findet das Königsopfer statt. An diesem nehmen auch Duryodhana und Çakuni, als Gäste des Yudhishṭhira, Antheil und die alten Zwistigkeiten zwischen diesen und ihren Vettern, den Pâṇḍu-Söhnen, beginnen von Neuem. Bei einem Gegenbesuche der fünf Brüder am Hofe des Duryodhana kommt es endlich zum Spiele, der stets verlierende Yudhishṭhira setzt und verspielt zuletzt auch den Arjuna 2. 65, 21 = 2161 und seine andern Brüder. Dabei hat Arjuna nur den Zorn des wilden Bhîmasena zu beschwichtigen, der bald auf den Spieler Yudhishṭhira losstürzen und ihm beide Arme verbrennen will 2, 68, 7 = 2257, wovon ihn Arjuna mit der Bemerkung abhält, Streit im eigenen Hause könne jetzt nur den Feinden Freude machen, bald gegen Duryodhana Gewalt gebrauchen will 2, 70, 16 = 2376; 72, 8 = 2423. Darin jedoch gibt er 2, 71, 21 = 2480 dem Bhîmasena Recht, dass Yudhishṭhira jetzt, da er Alles verloren habe, nicht mehr ihr Herr sei. Auf Bitten der Kṛishṇâ erhalten die fünf Brüder ihre Freiheit wieder zurück, müssen sich aber verpflichten, zwölf Jahre im Walde und ein weiteres Jahr in der Verbannung und unerkannt zu leben. Ehe die Brüder abziehen, schwört Arjuna noch 2, 77, 32 = 2545, nach Ablauf der dreizehn Jahre wolle er den Karṇa tödten, der an allem Unheile Schuld sei. Ohne Schmuck, in Antilopenfelle gehüllt, ziehen die Brüder und mit ihnen Kṛishṇâ davon, wobei Arjuna mit dem Fusse Staub aufwirbelt; unter dem Staube stellt er sich den Pfeilregen vor, den den er seiner Zeit über die Feinde ausschütten wolle 2, 80, 16 = 2635.

Es folgen nun die Erlebnisse der Brüder während der Dauer ihrer Verbannung, zunächst, im dritten Buche, während ihres zwölfjährigen Aufenthaltes im Walde. Eine Berathung der Pâṇḍava mit ihren herbeigeeilten Freunden im Walde Kâmyaka führt zu keinem Ergebnisse; dem Vorschlage des Kṛishṇa, alsbald mit Hilfe der verbündeten Fürsten den Krieg mit Duryodhana zu beginnen, widersetzt sich Arjuna 3, 12, 8 = 468 und besänftigt den Zorn des Kṛishṇa durch eine rühmende Aufzählung der Eigenschaften und Thaten desselben. Ebenso beruhigt er den Jammer der Draupadî durch Hinweisung auf die künftige Rache 3, 12, 32 = 593. Als Kṛishṇa wieder in seine Heimath zurückkehrt, gibt Arjuna ihm seine Frau Subhadrâ und seinen Sohn Abhimanyu mit 3, 22, 47 = 895, während sein anderer Sohn, Çrutakarman, bei Dhṛishṭadyumna in der Stadt der Pancâla untergebracht wird. Auf Bitten des Arjuna kehren diejenigen Bürger von Hâstinapura, welche bis dahin die Brüder begleitet hatten, dorthin zurück 3, 23, 13 = 915 und die Brüder ziehen weiter nach dem See Dvaitavana. Nun erinnert Vyâsa 3, 36, 31 = 1441 den Arjuna an seinen früher gefassten Vorsatz, auszuziehen um sich durch Busse die Gnade des Çiva und himmlische Waffen von Indra zu erwerben. Der bereits an einen künftigen Krieg ernstlich denkende Yudhishṭhira stimmt dem bei; sie seien ohnedem in Betreff tüchtiger Waffen ihren Gegnern nicht gewachsen. So zieht Arjuna, begleitet von den Segenssprüchen der Kṛishṇâ, mit seinem Bogen Gâṇḍiva bewaffnet, gegen Norden 3, 37, 18 = 1473; er durchzieht die Wälder der Büsser, überschreitet den Himavat und den Gandhamâdana und hier, auf Indrakîla, erscheint ihm Indra in Gestalt eines Brahmanen und stellt ihm eine Gabe frei. Nun wird der obige Bericht aus dem Ende des ersten Buches wiederholt; Arjuna wünscht sich himmlische Waffen und Belehrung im Gebrauche derselben durch Indra; dieser gibt ihm den Bescheid, wenn er erst den Çiva gesehen und dessen Gnade werde erhalten haben, so werde sein Wunsch in Erfüllung gehen. Darauf verschwindet Indra und Arjuna bleibt in Gedanken versunken zurück. Dann macht er sich wieder auf den Weg und gelangt in einen herrlichen Wald, auf Indrakîla, am Abhange des Himavat 3, 38, 18 = 1533. Bei seinem Eintritte ertönt himmlischer Paukenschall und ein Blumenregen fällt vom Himmel.

Nun weiht sich hier Arjuna strenger Busse und wird zuletzt einer Erscheinung des Çiva theilhaftig. Dieser zeigt sich in Gestalt eines mit Bogen und Pfeil bewaffneten Waldmenschen oder Kirâta, von seiner Frau begleitet und von dienendem Gefolge umringt. Gerade rennt ein Eber, der aber ein verwandelter Dânava, Namens Mûka, ist, auf Arjuna los; dieser und der Kirâta drücken zu gleicher Zeit ihre Geschosse auf ihn ab, der Eber nimmt seine wahre Gestalt als Dânava wieder an und gibt den Geist auf. Nun entsteht ein Streit zwischen Arjuna und dem Kirâta um die Ehre den Eber gefällt zu haben. Jeder will den andern tödten. Die Pfeile des Arjuna prallen aber wirkungslos an dem Körper des hohnlachenden Kirâta ab, bald sind alle seine Pfeile verschossen und er will seinen Feind mit dem Bogen todt schlagen, aber der Kirâta reisst ihm den Gâṇḍîva aus den Händen. Das Schwert des Arjuna zersplittert an dem Haupte seines Feindes. Sie kämpfen mit den Fäusten, mit Baumstämmen und Felsen, sie ringen mit den Armen, bis zuletzt Arjuna blutbesudelt und ohnmächtig zu Boden fällt. Wieder zu Bewusstsein gekommen fällt er dem Gotte zu Füssen, denn er ist überzeugt, dass nur Çiva ihn besiegen könne. Da lobt Çiva seine Tapferkeit, zeigt sich ihm in seiner wahren Gestalt 3, 39, 71 = 1622, umarmt ihn und schenkt ihm eine himmlische unwiderstehliche Waffe, den Bogen Pâçupata, jedoch mit der Bedingung, er dürfe ihn nicht unnöthiger und voreiliger Weise, besonders auch nicht gegen Schwache verwenden. Darauf verschwindet Çiva in die Luft.

Dieses berühmte, von der spätern Dichtkunst künstlich überarbeitete Stück wurde in çivaitischem Interesse eingeschaltet. Um das Gedicht auch den Verehrern des Çiva genehm zu machen, musste der sonst so eng mit Kṛishṇa d. i. Vishṇu verbundene Arjuna auch mit Çiva in Verbindung treten und als dessen Liebling und eifriger Verehrer hingestellt werden.

Unmittelbar darauf erscheinen vor Arjuna die vier Weltenhüter Yama, Varuṇa, Kubera und Indra und es beschenken ihn die drei ersteren 3, 41, 25 = 1689 mit allerlei Waffen. Indra aber verspricht ihn durch seinen himmlischen Wagen zu sich in den Himmel abholen zu lassen. Kaum haben die Götter sich wieder entfernt, so erscheint auch schon Mâtali mit dem Wagen; Arjuna fährt von dem Berge Mandara aus über die Strasse der Siddha nach Amarâvatî, der von dem Elephanten Airâvata bewachten Stadt des Indra; dieser umarmt und küsst ihn 3, 43, 21 = 1776 und Arjuna wird nun fünf Jahre lang im Himmel im Gebrauche der göttlichen Waffen, auch des Donnerkeiles, daneben aber auch durch den Gandharva-Fürsten Citrasena im Gesang und Tanz unterrichtet. Immer jedoch während dieser fünf Jahre gedenkt er mit Sehnsucht seiner Brüder und der Kṛishṇâ, mit Hass seiner Feinde. Auf Befehl des Indra sucht Urvaçî, die schöne Apsaras, welche sich in Arjuna verliebt hat, diesen zu verführen, aber er bleibt standhaft und verehrt in ihr nur die

Stammmutter seines Geschlechts: sein Ahnherr Âyus war ein Sohn des Purûravas und der Urvaçî gewesen. Zornig verflucht die verschmähte Nymphe den Arjuna, er möge zum Eunuchen werden. Doch beruhigt Indra 3, 46, 55 = 1871 seinen Sohn über diesen Fluch: er werde nur gezwungen werden, ein Jahr seines Lebens als Eunuche verkleidet zuzubringen. Nach einer anderweitigen Nachricht erhält Arjuna hier im Himmel des Indra auch Besuch von seinem Sohne Irâvat. dem Sohne der Schlangenprinzessin 6, 90, 11 = 3981. Während des Aufenthaltes des Arjuna in der Götterwelt kommt auch ein Heiliger mit Namen Lomaça zu Indra auf Besuch 3, 47, 1 = 1879 und erhält von diesem den Auftrag, den Yudhishṭhira aufzusuchen und ihm zu sagen, er möge sich wegen des Arjuna nicht beunruhigen; diesem sei noch der Kampf gegen das den Göttern feindliche Volk der Nivâtakavaca bestimmt, nach deren Vertilgung werde er zu den Menschen zurückkehren. Dieses Auftrages entledigt sich auch Lomaça alsbald, und dennoch sehen wir den Yudhishṭhira und seine Brüder späterhin in Ungewissheit und banger Sorge um das Schicksal des Arjuna. Sie erkundigen sich bei allen umherziehenden Brahmanen nach ihm und erfahren 3, 79, 22 = 3084 von solchen, ihr Bruder habe sich im Walde der Busse gewidmet. Offenbar laufen hier verschiedene Bearbeitungen der Sage nebeneinander her. Von einer Busse des Arjuna war allerdings als einer Vorbereitung auf die Erscheinung des Çiva die Rede, auch davon, dass er während derselben von Brahmanen erblickt worden war. Aber trotzdem, dass nun die Zusammenkunft des Lomaça mit Yudhishṭhira 3. 91, 1 = 8407 nochmals berichtet wird und bei dieser Gelegenheit Lomaça ganz ausführlich von dem Aufenthalte und den Thaten des Arjuna erzählt. ziehen seine Brüder dennoch 3, 140, 29 = 10870 nach Norden. um den Arjuna zu suchen, über dessen Aufenthaltsort sie offenbar nichts wissen, und Yudhishṭhira erklärt, er werde von Wald zu Wald, von tîrtha zu tîrtha ziehen, bis zum Berge Gandhamâdana, auf den Arjuna wartend, wie es 3, 155, 34 = 11429 heisst. Sie kommen zu Kubera und dieser erklärt 3. 162. 18 = 11820 dem Yudhisṭhira, sein Bruder sei im Himmel bei Indra und werde in Bälde von da wieder zurückkommen; augenscheinlich also wissen die Brüder nichts Bestimmtes von ihm, ausser etwa, dass er in den Bergen des Nordens von Brahmanen gesehen wurde, und ihre Reise nach Norden bis zu dem Sitze des Kubera hat nur den Zweck, den Arjuna aufzusuchen oder etwas über ihn zu erfahren. Nach Verlauf von fünf Jahren verlässt endlich Arjuna 3, 164, 17 = 11899 den Palast des Indra; mit den Waffen einer ganzen Menge von Göttern beschenkt besteigt er den von Mâtali gelenkten Wagen. Auf dem Berge Gandhamâdana berührt er die Erde wieder und begrüsst seine dort wohnenden Brüder; alle freuen sich über die Wiedervereinigung. Nachdem auch noch Indra den Brüdern einen Besuch abgestattet, erzählt Arjuna von 3, 167, 9 = 11943 an den Brüdern seine Erlebnisse. Zuerst geht dieser Bericht gleichlaufend mit dem früher Erzählten; dann aber ist ein langer erweiternder Abschnitt eingeschaltet über die Kämpfe des Arjuna mit den Götterfeinden. Er erzählt, wie er im Auftrage des Indra und auf dessen Wagen, nur von Mâtali begleitet, gegen die auf dem Meeresgrunde wohnenden Nivâtakavaca fuhr und sie trotz ihrer Zauberkünste vernichtete; wie er dann ein anderes den Göttern feindliches Volk besiegte, das der Kâlakanja, welche in der Luftstadt Hiraṇyapura wohnten, wobei er sich des von Çiva geschenkten Bogens bedienen musste. Nach seiner glücklichen Rückkehr nach Amarâvatî schenkt ihm Indra zum Danke ein Diadem (daher sein Name Kirîṭin, bediademt) und das Muschelhorn Devadatta. Von allen diesen Kämpfen ist in der ersten Erzählung von der Himmelsreise des Arjuna keine Rede; jene ist bedeutend älter und einfacher.

Nach der Ankunft des Arjuna wohnen die Brüder noch vier Jahre auf dem Gandhamâdana 3, 176, 5 = 12320; dann kehren sie nach dem Walde Dvaitavana zurück. Dorthin kommt in feindlicher Absicht auch Duryodhana mit seinem Anhange und mit einem grossen Heere. Er wird aber von den Gandharva, in deren Spielplätze er rücksichtslos eindringt, gefangen genommen und soll getödtet werden. Davon erhält Yudhishṭhira Nachricht und alsbald befiehlt er dem Arjuna, ihren Vetter zu befreien 3, 243, 1 = 14935; denn der Edelmuth der Pâṇḍu-Kinder wird in der jetzigen Redaction des Gedichtes bei jeder Gelegenheit hervorgehoben. Die vier Brüder tödten viele tausend Gandharva (welche aber späterhin von Indra durch Besprengung mit Amṛita wieder zum Leben zurückgerufen werden) und zuletzt besiegt Arjuna mit seinen Götterpfeilen ihren König Citrasena und schliesst Friede mit ihm. Darauf werden Duryodhana und seine Leute von ihren Banden befreit und kehren ohnè Dank wieder heimwärts. Die Brüder aber kehren wieder in den Wald Kâmyaka zurück. am Ende des fünften Jahres ihrer Verbannung. Dort wird, während die Brüder auf einer Jagd abwesend sind, ihre gemeinschaftliche Frau Kṛishṇâ von dem durchreisenden Könige Jayadratha geraubt. Durch böse Ahnungen und Vorbedeutungen geschreckt, kehren die Brüder früher als gewöhnlich von der Jagd zurück, verfolgen die Spuren des Räubers, erreichen ihn und schlagen sein ganzes Heer in die Flucht; Arjuna aber besiegt die zwölf Fürsten der Sauvîra 3, 271, 27 = 15742 und hält, nach der Flucht des Jayadratha, den Bhîmasena von weiterem Morden ab. Beide setzen dem flüchtigen Jayadratha nach und nehmen ihn gefangen, wobei wiederum Arjuna den Gefangenen vor der Mordlust des Bhîmasena schützen muss. Der König wird vor Yudhishṭhira geführt und von diesem freigelassen.

Im Walde Dvaitavana, wo sie das letzte Abenteuer mit dem als Yaksha verstellten Gotte Dharma bestehen, geht den Brüdern das zwölfte Jahr der Verbannung zu Ende, das dreizehnte und letzte sollen sie, dem Vertrag mit Duryodhana zufolge, in Verkleidung und unter fremdem Namen. von keinem Menschen erkannt. zubringen. Sie begeben sich also auf den Vorschlag des Arjuna in das Land des ihnen früher immer freundlich gesinnten Virâṭa. des Königs der Matsya, und treten bei diesem unter verschiedenen Namen in Dienste, Arjuna als Eunuche verkleidet, um Gesang. Musik und Tanz zu lehren, unter dem Namen Bṛihadnalâ 4, 2, 27 = 54. Nachdem er seinen Bogen Gâṇḍîva und seine andern Waffen in einem hohlen Baume verborgen, tritt er seinen Dienst an und wohnt im Frauenhause. Kurz vor Ende des dreizehnten Jahres fällt Suçarman, der König der Trigarta, im Lande der

Matsya ein und raubt dort die Rinderherden. Zwar jagt ihm Bhîmasena den Raub wieder ab, aber nun wiederholt der mit Suçarman verbündete Duryodhana den Einbruch und den Raub. Der König zieht ihm entgegen und der allein in der Stadt zurückgebliebene Königssohn Uttara will gegen die Feinde ausziehen; er befiehlt dem Arjuna. ihm bei diesem Zuge als Wagenlenker zu dienen 4, 37, 22 = 1217. So ziehen die beiden allein gegen die Kuru, da das ganze Heer von Virâṭa schon aufgeboten ist. Als aber Uttara das feindliche Heer von ferne erblickt, verliert er allen Muth und will umkehren. Da zwingt ihn Arjuna den Dienst als Wagenlenker mit ihm zu tauschen; er selbst will kämpfen und allein das feindliche Heer besiegen. Nachdem Arjuna seine Waffen aus dem Versteck hergeholt, gibt er seinem zitternden Begleiter seinen vollen Muth wieder, indem er sich ihm zu erkennen gibt 4, 44, 5 = 1371. Darauf bekämpft und besiegt Arjuna ganz allein das ganze Heer der Kuru, welche ihn sogleich am Schalle seines Muschelhornes und am Schwirren seiner Bogensehne erkannt haben. Er tödtet eine Menge Feinde, von welchen aber nur ein einziger näher bezeichnet wird: Çatruntapa, ein Bruder des Karṇa 4, 54, 18 = 1677. Ausführlicher erzählt werden seine Einzelkämpfe mit Karṇa, Droṇa, Kṛipa, Açvatthâman, Duḥçâsana, mit verschiedenen andern Brüdern des Duryodhana, mit diesem selbst und mit Bhîshma. Alle diese Helden schlägt er in die Flucht; sie kehren wieder auf das Schlachtfeld zurück, nur um abermals besiegt zu werden. Alle Götter und Helden der Vorzeit steigen vom Himmel herab, um zuzuschauen, wie die Pfeile des Arjuna, ungeheuern Heuschreckenschwärmen vergleichbar, auf die Feinde herabregnen. Auch der Untergang der Sonne hemmt sein Morden nicht, bis das Feld rein ist. Ja, er hat fünf Helden, dem Duryodhana, Kṛipa, Karṇa, Droṇa und Açvatthâman, die Oberkleider geraubt, um sie zu Hause der Königstochter Uttarâ zu schenken. In der Nacht kehrt er, die geraubten und wieder zurückgewonnenen Herden vor sich hertreibend, nach der Stadt zurück 4, 67, 1 = 2136; unterwegs verbirgt er seine Waffen wieder in dem Baume und nimmt den Dienst als Wagenlenker dem Uttara ab; er ist wieder Bṛihadnalâ. Noch vor ihnen war auch Virâṭa mit seinem Heere in die Stadt zurückgekehrt und bald darauf gaben Arjuna und seine Brüder sich diesem zu erkennen. Der hocherfreute König schliesst nun Vertrag und Bündniss mit den Brüdern und stellt ihnen für ihre Pläne seine ganze Macht zur Verfügung 4, 71, 25 = 2313. 72, 37 = 2373. Bekräftigt wird dieser Freundschaftsbund durch die Verheirathung der Königstochter Uttarâ mit Abhimanyu, dem durch Boten herbeigerufenen Sohne des Arjuna.

Dieser Schluss des vierten Buches, und besonders das Bündniss zwischen Judhishṭhira und Virâṭa, bildet das einzige einigermaassen alte Stück desselben; der ganze übrige Theil des vierten Buches mit seinen widerwärtigen Harems- und Eunuchengeschichten, mit den unsinnig übertriebenen, ganz nach der Schablone gefertigten Kampfberichten zeigt deutlich, dass das vierte Buch ein sehr spätes Einschiebsel ist. Es war offenbar nur von zwölf Jahren Verbannung die Rede, das dreizehnte wurde hinzugefügt, um die Härte und Bosheit des Duryodhana und die Gewissenhaftigkeit und Tapferkeit des Arjuna noch deutlicher zu zeigen, nebenbei auch, um das lange Gedicht noch länger zu machen. Es ist lächerlich, wenn Arjuna, der eben erst im vierten Buche ganz allein den Droṇa, den Bhîshma, den Karṇa und viele andere Helden an einem Tage mehrmals nach einander besiegt hat, gleich darauf eines achtzehntägigen Kampfes, eines grossen Heeres und der ganzen unerschöpflichen List seines Freundes Kṛishṇa bedarf, um dasselbe Ziel nochmals zu erreichen. Auch ist in den auf das vierte folgenden Büchern des Gedichtes nur sehr selten und nur in eingeschobenen Stellen die Rede von den im vierten Buche erzählten Schicksalen und Thaten Arjuna's; im Ganzen wird der Inhalt des vierten Buches in den folgenden nicht als bekannt vorausgesetzt. Wenn z. B. Kṛishṇa 6, 106, 34 = 4835 zu Arjuna sagt: „Was du ehemals geprahlt in der Stadt des Virâṭa, vor den versammelten Königen, du wolltest den Bhîshma besiegen sammt dem Droṇa, das mache jetzt wahr“, so hätte er ihn doch gewiss auf einen schon wirklich erfochtenen Sieg über diese Helden hingewiesen, wäre ihm davon etwas bekannt gewesen.

Die nun folgenden Berathungen und Kriegsvorbereitungen

der fünf Brüder nehmen den Faden der Erzählung genau an dem Puncte wieder auf, an welchem sie bereits zu Anfang des dritten Buches angelangt war: an dem Berichte über die Berathungen und Rüstungen der Pâṇḍava und ihrer Freunde. An allen diesen unendlichen, durch das ganze fünfte Buch sich hinschleppenden, aber sehr ausser aller fortschreitenden Ordnung erzählten, in das Allgemeine und Unbestimmte gezogenen Berathungen, Rüstungen, Unterhandlungen, Gesandtschaften zwischen Duryodhana und Yudhishṭhira u. s. w. betheiligt sich auch Arjuna. Er begibt sich 5. 75 = 130 nach Dvârakâ, um seinen Schwager Kṛishṇa zur Theilnahme am Kriege zu bewegen; zu gleicher Zeit und zu gleichem Zwecke findet auch Duryodhana sich dort ein. Da lässt Kṛishṇa beiden die Wahl: „dem einen mein Heer, dem andern mein Rath, wählet". Ohne Zögern wählt Duryodhana das Heer, und den ganzen Krieg über streiten, was sehr beachtenswerth ist, die Leute des Kṛishṇa, die Nârâyaṇa, auf Seiten des Duryodhana. Dagegen Arjuna wählt den guten Rath des Kṛishṇa und dieser verspricht, sein Freund und Wagenlenker zu sein, aber kämpfen werde er nicht. Von nun an drängt Arjuna immer auf baldige Eröffnung des Kampfes. Im Vereine mit Kṛishṇa, lässt er 5, 48, 7 = 1815 und 5, 66, 4 = 2501 dem Duryodhana sagen, habe er Niemanden zu fürchten; es werde den Duryodhana gewiss reuen, gegen Kṛishṇa gekämpft zu haben; er solle lieber dem Yudhishṭhira das Reich (5, 83, 51 = 2970 genauer das halbe Reich, nämlich das von Indraprastha oder Khâṇḍavaprastha) zurückgeben, dann werde dauernder Friede eintreten; wolle aber Duryodhana Krieg, so sei er bereit zu kämpfen: „unsere Sternkundigen weissagen uns den Sieg, mein Bogen gähnt, mein Schwert fährt von selbst aus der Scheide". Diese Botschaft wird mehrmals in andern Ausdrücken und neuen Zusätzen wieder erzählt, so 5, 78, 11 = 2813, wo Arjuna hinzufügt, Duryodhana sei, als falscher Spieler, des Todes schuldig.

Es folgt die Beschreibung der grossartigen Rüstungen der Pâṇḍava. Auf den Rath des Arjuna 5, 151. 25 = 5122 wird Dhṛishṭadyumna zum Anführer des ganzen Heeres ernannt und dieser bestimmt den Kṛishṇa zum Wagenlenker und Rathgeber des Arjuna. Den König Rukmin aber, welcher in hochmüthiger Herablassung dem Arjuna seinen Schutz anbietet, da er sich wohl gewaltig fürchten werde, weist Arjuna zurück 5, 138, 25 = 5375: „Ich brauche keinen Helfer, ich fürchte mich nicht; gehe oder bleibe nach Belieben“.

Es beginnt nun die grosse achtzehntägige Schlacht der Pâṇḍava und der Kaurava. Gleich Anfangs 6, 19, 19 = 713; 22, 3 = 779 wird bemerkt, dass Arjuna sich neben Çikhaṇḍin hielt; diesen allein, hatte Bhîshma erklärt, wolle er nicht tödten; daher Duryodhana seine Helden angewiesen hatte, hauptsächlich dem Çikhaṇḍin nach dem Leben zu trachten, damit dieser dem Bhîshma nicht gefährlich werden könne. Diesen Sachverhalt kennen aber Arjuna und Kṛishṇa und bauen auf ihn ihre Hoffnung, den Bhîshma zum Tode zu bringen; daher gleich hier die auch späterhin oft angemerkte Sorgfalt des Arjuna für Çikhaṇḍin.

Vor Beginn der Schlacht empfiehlt sich Arjuna dem Schutze der Göttin Durgâ 6, 23, 4 = 796, welche ihm dann auch erscheint und ihm den Sieg verheisst. Dieser Abschnitt ist wieder einmal ein çivaitisches Einschiebsel, das nicht fehlen durfte, nachdem die gleich folgende Bhagavadgîtâ im vischnuitischen Sinne sei es ursprünglich verfasst und dem Gedichte eingeschaltet, sei es umgedichtet war.

Arjuna fordert nun den Kṛishṇa auf, in die Mitte zwischen beiden Heeren vorzufahren 6, 25, 21 = 851, und tiefe Schwermuth überfällt ihn beim Anblick der vielen Tausende dem Tode verfallener Menschen. Diese Traurigkeit sucht Kṛishṇa ihm zu verscheuchen: dies gibt Anlass zu dem unter dem Namen Bhagavadgîtâ so bekannten philosophischen Gespräche zwischen Kṛishṇa und Arjuna, im Verlaufe dessen Kṛishṇa sich als Vishṇu zu erkennen gibt und sich dem Auge seines Zuhörers als ewigen, Alles umfassenden Urgeist in leiblicher Persönlichkeit darstellt 6, 35, 9 = 1255.

Ein solches Gespräch über die wahre Gesinnung, mit welcher man kämpfen müsse, mag auch schon im alten Gedichte hier, vor dem Beginne der grossen Schlacht, seine Stelle gefunden haben; nur fand es wahrscheinlich nicht zwischen Arjuna und Kṛishṇa statt, sondern eher zwischen

Duryodhana und seinem gelehrten Lehrer Droṇa; noch jetzt beginnt die Bhagavadgîtâ mit einer kurzen Unterredung zwischen diesen beiden, um dann zu Arjuna und Kṛishṇa überzugehen; solche Winke sind stets bedeutsam. Die schönen Verse, welche auf Grund pantheistischer Weltanschauung die Thorheit jeder Todesfurcht nachweisen, die tiefsinnigen Betrachtungen über Energie und Resignation, deren gegenseitiges Verhältniss dem irdischen Geiste stets ein anziehendes Räthsel war, sind gewiss alt, nicht aber die Gleichsetzung der pantheistischen Weltseele mit Vishṇu und dann gar des Vishṇu mit Kṛishṇa.

Nach Eröffnung des Kampfes ist Bhîshma der erste, mit welchem Arjuna kämpft 6, 45, 8 = 1677, ohne dass es zu einer Entscheidung kommt. Am Abende des ersten Tages rettet Arjuna den Çankha, einen Sohn des Virâṭa, vor den Pfeilen des Bhîshma, indem er ihn rasch zu sich auf den Wagen hebt 6, 49, 40 = 2020.

Am zweiten Schlachttage steht Arjuna an der Spitze des ganzen Heeres 6, 50, 42 = 2075 und wendet sich wiederum zuerst gegen Bhîshma, welchen er mit acht andern Helden vereint angreift 6. 52, 12 = 2132. Wiederum überschütten sich beide ohne Erfolg mit Pfeilen, jedoch muss Yuyudhâna dem Arjuna zu Hilfe kommen. Oft verschwinden die beiden Gegner vor den Augen der Zuschauer hinter der Menge ihrer Pfeile 6, 52, 62 = 2182, aber beide sind gleich unbesiegbar. Sonst wird von den Thaten des Arjuna an diesem Tage nur noch erwähnt, dass er seinem von Duryodhana hart bedrängten Sohne Abhimanyu zu Hilfe kam 6, 55, 17 = 2375.

Am dritten Tage des Kampfes wüthet Arjuna fürchterlich unter den feindlichen Wagenhelden 6, 57, 1 = 2452, 6. 58, 1 = 2462 und zwingt das feindliche Heer zur Flucht 6, 58, 26 = 2487, aber durch die Ankunft des Bhîshma wendet sich das Glück und vor den Augen des Arjuna fliehen seine Krieger, keine zwei laufen mehr neben einander 6, 59, 35 = 2542. Es folgt wiederum ein harter und erfolgloser Kampf zwischen Arjuna und Bhîshma. Bei dieser Gelegenheit wird erzählt, wie der Wagenlenker Kṛishṇa, zornig über die Verluste der Pâṇḍava, deren Heer er für so gut wie vernichtet erklärt (und wohl auch über das Zögern des Arjuna, der noch nicht zu List und Verrath greifen will), vom Wagen herabspringt und auf Bhîshma losstürzt; Arjuna eilt ihm nach, erreicht ihn beim zehnten Schritte, fasst ihn am Arme und hält ihn mit Gewalt zurück: „Bezähme dich, denn in dir liegt das Heil der Pâṇḍava“ 6, 59, 102 = 2613. Er beschwichtigt ihn und führt ihn wieder auf den Wagen zurück. Den Rest des Tages über kämpft Arjuna noch mit Bhîshma, Çalya, Duryodhana, Bhûriçravas, bis die Nacht die Kämpfenden trennt; unter lauter Anerkennung der Tapferkeit des Arjuna zieht das Heer der Kaurava sich zurück.

Auch der vierte Tag des Kampfes beginnt 6, 60, 21 = 2671 mit einem Einzelkampfe des Arjuna mit Bhîshma, der aber bald in einen allgemeinen übergeht, da Droṇa, Kṛipa, Çalya, Vivimçati, Duryodhana und Bhûriçravas den Arjuna angreifen und diesem Abhimanyu, sein Sohn, mit seiner Schar zu Hilfe eilt. In der Erzählung der weitern Kämpfe dieses Tages wird der Name des Arjuna nicht genannt.

Am Morgen des fünften Tages überschütten sich wiederum Bhîshma und Arjuna mit Regen von Pfeilen 6, 69, 15 = 3070; 71, 19 = 3137 und wiederum mengt Abhimanyu sich ein. Man sieht, derselbe Kampf wurde öfters erzählt, um die achtzehn Tage auszufüllen. Sonst werden an diesem Tage noch erwähnt ein Kampf mit Droṇa, Kṛipa und Vikarṇa 6. 72. 2 = 3163 und ein anderer mit Açvatthâman, den aber Arjuna verschont habe, weil er seines Lehrers geliebten Sohn nicht habe tödten wollen 6, 73, 3 = 3199. Nachdem Arjuna an diesem Tage fünfundzwanzigtausend Feinde getödtet hat 6, 74. 33 = 3270, wird der Kampf mit Anbruch der Nacht abgebrochen, da Arjuna gerade von neuem den Bhîshma angegriffen hat.

In der Beschreibung des folgenden sechsten Tages der Schlacht wird Arjuna, der nach 6. 75, 6 = 3282 an der Spitze des Heeres steht, fast gar nicht genannt. Nur der heftige und unentschiedene Pfeilkampf mit Bhîshma fehlt nicht 6, 78, 30 = 3442.

Am folgenden siebenten Kampftage richtet er 6, 81, 42 = 3572 mit dem Bogen, welchen Indra ihm geschenkt, eine grosse Verwüstung unter dem feindlichen Heere an, bis das Erscheinen des Bhîshma ihm Einhalt gebietet; es folgt ein Kampf zwischen diesen beiden. Mittags wird Suçarman mit Arjuna handgemein und verliert eine grosse Zahl seiner Trigarta durch diesen 6, 85, 1 = 3751, welcher dabei von Çikhaṇḍin unterstützt wird. Ein Kampf des Arjuna mit Droṇa wird durch den Anfang der Nacht unterbrochen.

Am Mittage des achten Tages greift Arjuna im Vereine mit Cekitâna, Abhimanyu. Ghaṭotkaca, Bhîmasena die Feinde an 6, 89, 19 = 3949, deren er viele tödtet. Sein Sohn Irâvat fällt, während der Vater gerade mit Bhîshma einen Kampf ausficht 6, 90, 82 = 4052. Nach einem gleich unentschiedenen Kampfe mit Duryodhana 6, 95, 82 = 4318 erhält er durch Bhîma die Nachricht vom Tode des Irâvat. Nachdem er diesen schmerzlich beklagt, kämpft er wiederum gegen Bhîshma, Bhagadatta und Kṛipa 6. 96, 36 = 4358.

In der darauf folgenden Nacht entschliesst sich endlich Bhîshma, auf das Drängen des Duryodhana, auch den Arjuna und seine Brüder nicht mehr zu verschonen, sondern sie zu tödten wo er sie träfe; nur den Çikhaṇḍin könne er nicht bekämpfen. In derselben Nacht aber verlangt Arjuna, dass den nächsten Tag eben dieser Çikhaṇḍin dem Bhîshma gegenübergestellt werden solle; Bhîshma halte diesen für ein Weib und könne sich nicht entschliessen ihn anzugreifen; er selbst wolle dann den Çikhaṇḍin beschützen. — Auch Duryodhana nennt den Arjuna den beständigen Schutz des Çikhaṇḍin 6, 98, 40 = 4495.

Am neunten Kampftage eilt Arjuna seinem Sohne Abhimanyu zu Hilfe, der gegen Bhîshma und Kṛipa ficht 6, 101, 35 = 4618. Bei einem weiteren Kampfe mit Droṇa 6, 101, 58 = 4641 wird bemerkt, dass diese beiden sich sonst immer gern vermieden. Dem Trigarta-Könige Suçarman, welcher sich in diesen Kampf einmengt, tödtet Arjuna viele Krieger, den König selbst rettet die Dazwischenkunft des Duryodhana. Gegen Abend ist das Heer der Pâṇḍava in voller Flucht vor Bhîshma begriffen; selbst Krishṇa wird von Angst überfallen und veranlasst den Arjuna, einen Angriff auf Bhîshma zu machen 6. 106, 40 = 4841. Aber Arjuna kämpft seinem

Wagenlenker nicht eifrig genug gegen jenen grossen Helden, der mit seinen Pfeilen den ganzen Wagen des Gegners überschüttet, so dass der erzürnte Kṛishṇa, der bisher in geschicktem Ausweichen seine Kunst als Wagenlenker gezeigt, seinen Stachelstock schwingend vom Wagen herabspringt, die Pferde laufen lässt und auf den Wagen des Bhîshma losstürmt. Der bestürzte Arjuna läuft ihm nach, erinnert ihn an sein Gelübde am Kampfe keinen persönlichen Antheil zu nehmen, schwört ihm er wolle den Bhîshma tödten und zieht ihn am Arme rückwärts. Ohne ein Wort zu sagen besteigt Kṛishṇa wieder den Wagen. — Diese ganze, schon einmal erzählte Episode ist ein ächtes altes Stück, der wahre Zusammenhang schimmert noch deutlich durch: Kṛishṇa spielt diese drastische Scene nur, um allem weiteren Zögern des Arjuna, der einen unehrlichen Kampf mit Bhîshma scheut, ein Ende zu machen. Mehrmals wird dieser Vorfall, wie so mancher andere, nur erzählt, um die Zeit von zehn Tagen auszufüllen, welche späterhin bis zu dem Tode des Bhîshma, vom Anfange des Krieges an, gerechnet wurden. Im alten Gedichte waren bis dahin höchstens zwei Tage verflossen; am ersten (= Tag 1—8 der jetzigen Redaction) schont Bhîshma den Arjuna und beide weichen sich aus; in der Nacht stimmt Duryodhana den Bhîshma um; am zweiten Tage (= Tag 9 und 10 der jetzigen Fassung) erfolgt des Bhîshma letzter gewaltiger Sieg und sein Fall durch Arjuna's Pfeile und die List des Kṛishṇa.

Aus der Nacht vom neunten zum zehnten Tage der Schlacht wird noch ein sonderbarer Vorfall erzählt. Es begibt sich nämlich Yudhishṭhira in das Lager des Bhîshma, ohne irgend angehalten oder gefragt zu werden, und bittet dort mit bemerkenswerther Naivität den alten Helden um Angabe eines Mittels, wie man ihn tödten könne. Ebenso gemüthlich ist die Bereitwilligkeit, mit welcher Bhîshma diese Frage beantwortet: „Nur wenn ich die Waffen sinken lasse und keinen Widerstand leiste, kann ich getödtet werden; daher soll Arjuna sich hinter den Çikhaṇḍin stellen, gegen welchen ich mich nicht wehren darf, und so mich angreifen" 6, 107, 82 = 4968. Aber diesen Plan hat Arjuna selbst, mit Hilfe des Kṛishṇa, gefasst und unsere Stelle ist auf alberne Weise gefälscht, um zu zeigen, dass Arjuna den Bhîshma mit dessen Willen, also ohne Sünde getödtet habe. — Gleich darauf folgt im Zelte des Arjuna ein Gespräch zwischen diesem und Kṛishṇa. Der ganz in Wehmuth versunkene Arjuna erklärt, er könne es nicht über sich gewinnen, den Vater seines Vaters Pâṇḍu zu tödten 6, 107, 93 = 4979 und Kṛishṇa erwiedert: „Du kannst nicht siegen, ohne den Bhîshma getödtet zu haben, was zu thun du geschworen hast und ohnedem deine Pflicht als Krieger ist; es ist vom Schicksal bestimmt, dass kein anderer ihn tödten kann als du; in der Nothwehr aber darf man auch einen Greisen erschlagen, so hat Bṛihaspati selbst den Indra belehrt". Die Antwort des Arjuna lautet: „Ich werde die andern Helden, welche den Bhîshma stets beschützen, angreifen und während ich diese beschäftige, wird gewiss Çikhaṇḍin dem Bhîshma den Tod bringen".

Der zehnte Tag des Kampfes beginnt und Çikhaṇḍin wird, unter dem Schutze des Arjuna, an die Spitze des Heeres gestellt 6, 108, 5 — 4998. Laut erklärt Bhîshma es möge Çikhaṇḍin nach ihm schiessen so viel er wolle, er selbst werde mit keinem Weibe kämpfen. Auf den Rath des Kṛishṇa unterweist Arjuna den Çikhaṇḍin: „Greife du den Bhîshma an, ich werde dir folgen und dich beschützen; ich werde seine Begleiter beschäftigen und von ihm entfernen" 6, 108, 57 = 5050. Während nun Çikhaṇḍin den Bhîshma angreift, bald allein bald im Vereine mit andern Helden, besteht Arjuna zunächst einen harten Kampf mit Duḥçâsana 6, 110, 27 = 5120; 117, 12 = 5463; seine Pfeile fliegen auf den Feind zu, wie Gänse auf einen Teich, ihm selbst aber bleiben drei Pfeile in der Stirn stecken; zuletzt jedoch muss Duḥçâsana mit zerbrochenem Bogen zu Bhîshma flüchten. Von 6, 113, 48 = 5258 an kämpft dann Arjuna, immer den Çikhaṇḍin vor sich, mit vielen feindlichen Helden, besonders auch mit Suçarman, dem Könige der Trigarta. Dann rückt er mit den Kriegern der Cedi und Pancâla gegen Bhîshma selbst vor 6, 115, 26 = 5360, stets die sich entgegenwerfenden feindlichen Helden, wie den Elephantenkämpfer Bhagadatta, zurückwerfend und stets dem ihn deckenden Çikhaṇḍin zurufend, er solle auf Bhîshma losgehen und ihn tödten 6, 116, 60 =

5431; 117, 4 = 5455. Als aber Çikhaṇḍin mit seinen Pfeilen den Bhîshma angreift, da wehrt dieser sich nicht und blickt ihn nur verächtlich an. Ein ganzes Heer von Feinden schickt Duryodhana dem Arjuna entgegen, der sie alle zurückschlägt; darunter die Helden Kṛipa, Çalya, Vikarṇa, Viviṁçati 6, 117, 46 = 5497; auch der Kampf mit Duḥçâsana wird noch einigemal wiederholt, überhaupt die ganze Erzählung jeden Augenblick von Wiederholungen, Einschaltungen, neuen Anfängen unterbrochen. Daher ist ein Fortschritt in der Erzählung nur stellenweise zu bemerken; wenn eben erst angegeben wird, dass alle die Beschützer des Bhîshma sich entfernt hätten und nur noch Bhîshma auf der einen, Arjuna und Çikhaṇḍin auf der andern Seite den Kampf fortsetzten, so werden unmittelbar darauf auf beiden Seiten wieder mehrere Kämpfer erwähnt. Ebenso kämpft Arjuna bald mit Bhîshma, bald mit andern Helden der Kuru; und nach all' den Angriffen des Arjuna folgen 6, 118, 34 = 5547 wieder neue Ermahnungen des Kṛishṇa, endlich den Bhîshma zu bekämpfen, der mitten im Heere der Pâṇḍava wüthet. Die Schilderung eines allgemeinen Massenkampfes wechselt stets ab mit der eines Einzelkampfes zwischen Bhîshma und Arjuna und stets von neuem nimmt die Erzählung den gleichen Anlauf mit den Worten: „den Çikhaṇḍin vor sich stellend griff voll Zorn Arjuna den Bhîshma an“. Alle diese Kampfscenen, in welchen z. B. Arjuna den von Bhîshma hart bedrängten Virâṭa rettet u. s. w., übergehend, wenden wir uns also zu dem letzten entscheidenden Kampfe des zehnten Tages. Mit seinen scharfen Pfeilen zerschneidet Arjuna, immer hinter Çikhaṇḍin stehend, einen Bogen des Bhîshma nach dem andern, und der Speer des Bhîshma wird im Fluge in fünf 6, 119, 20 = 5597 oder in drei 6, 119, 68 = 5637 Stücke zerschnitten. Hinter Çikhaṇḍin sich haltend, was immer wieder betont wird, überschüttet Arjuna den Bhîshma mit seinen Pfeilen und der mit Wunden ganz bedeckte Greis ruft aus: „Das sind nicht die Pfeile des Çikhaṇḍin, es sind die Pfeile des Arjuna!“ Gegen Sonnenuntergang fällt endlich Bhîshma, dessen Schild ganz zersplittert ist, vom Wagen herab 6, 119, 87 = 5654 und der Kampf wird auf beiden Seiten eingestellt. Die Helden umringen den auf einer Unterlage von Pfeilen ruhenden Bhîshma, welcher sie. vergeblich, zum Frieden und zur Versöhnlichkeit ermahnt. Nach der jetzigen Fassung des Gedichtes stirbt er freilich noch lange nicht, sondern bleibt auf seinem Pfeilbette ruhend liegen, wie ihn Arjuna auf seinen Befehl gebettet hat. Als der todtwunde Held zu trinken verlangt 6, 121, 19 = 5780, spaltet Arjuna den Erdboden mit einem Pfeile; aus der Spalte sprudelt eine Quelle hervor, mit deren kühlem Wasser Arjuna den Grossvater erquickt. Es heisst dabei: er that wie Indra; vielleicht war es im alten Gedichte Indra, der dem sterbenden Helden diese letzte Labung auf wunderbare Weise zukommen liess.

Unterbrechen wir hier, am Ende des zehnten Kampftages, einen Augenblick den Gang der Erzählung und betrachten wir die für die Kritik des Gedichtes so wichtigen Beziehungen zwischen Arjuna und Bhîshma, so finden wir, dass die jetzige Redaction des Gedichtes alles Mögliche gethan hat, um ihren Liebling Arjuna von aller Schuld, seinem Grossvater gegenüber, loszusprechen. Im alten Gedicht hatte Arjuna seinen Grossvater und Lehrer, den unbesieglichen Helden, durch Hinterlist, nach der Anweisung des Kṛishṇa, getödtet; wogegen Bhîshma ihn, seinen Enkel, bis auf die Zeit ihres letzten Zusammentreffens, immer mitleidig verschont hatte. Dass dies der wahre Sachverhalt war, geht aus einer Menge geretteter Stellen deutlich hervor. Durch die acht Vasu weiss Bhîshma es zum Voraus, dass ihm nach Brahman's Verordnung der Tod von der Hand des Arjuna bestimmt sei 5, 185, 20 = 7309, aber trotzdem erklärt er, dass er den Arjuna und die übrigen Söhne des Pâṇḍu nicht tödten wolle 5. 156, 21 = 5298; 172. 21 = 5941. Während der ersten acht Tage macht Duryodhana dem Bhîshma fortwährend Vorwürfe, dass er aus thörichtem Mitleide des Arjuna und seiner Brüder schone. So 6, 52, 35 = 2155: „um deinetwillen kämpft Karṇa nicht, so strenge du dich an, den Arjuna zu tödten, der, da doch du und Droṇa am Leben seid, das Heer vertilgt", worauf Bhîshma nur antwortet: „wehe der Kriegerpflicht!" Ebenso beklagt sich Duryodhana 6, 58, 33 = 2494 bei Bhîshma, dass er das Leben der fünf Pâṇḍu-Kinder stets schone; aber Bhîshma antwortet nur, er wolle sein Möglichstes thun. Die gleiche Klage des Duryodhana über die allzugrosse Parteilosigkeit des Bhîshma findet sich auch 6, 80, 7 = 3518 und 6, 88, 38 = 3924 ausgesprochen. Aber erst die letzte Beschwerde des Duryodhana über das zärtliche Mitleid des Bhîshma mit Arjuna 6, 97, 4 = 4407 vermag den Grossvater zu dem Versprechen zu bringen, er wolle am folgenden Tage seinen Enkel tödten; denn jetzt setzt Duryodhana einen neuen Hebel an, indem er den Bhîshma bittet, wenn er denn selbst nicht sich entschliessen könne den Arjuna zu tödten, so möge er wenigstens auf einen Tag sich vom Kampfe entfernt halten; dann werde Karṇa das Heer anführen und den Arjuna fällen. Dieser Vorschlag erregt die alte Eifersucht des Bhîshma auf Karṇa und er verspricht, am folgenden Tage die Söhne des Pâṇḍu zu tödten, 6, 98, 16 = 4466.

Auch nach dem Falle des Bhîshma klagt Duryodhana, derselbe habe aus Mitleid den Arjuna, seinen lieben Schüler, nicht tödten wollen 7, 150, 30 = 6522. „Zehn Tage lang hat Bhîshma die Pâṇḍu-Kinder, seine Enkel, geschont“, sagt er 8, 10, 26 = 369.

Dagegen Arjuna ist von Anfang an entschlossen seinen Grossvater zu tödten 5. 163, 7 = 5649; 6, 106, 73 = 4873.

Die Erzählung vom Falle des Bhîshma, wie sie uns jetzt in den letzten Kapiteln des sechsten Buches vorliegt, wälzt jeden Vorwurf von Arjuna ab. Einmal stirbt ja Bhîshma überhaupt bei dieser Gelegenheit noch gar nicht; er macht Gebrauch von der ihm verliehenen Gabe, nicht gegen seinen Willen sterben zu dürfen, und lebt noch viele Tage. Erst das Ende des dreizehnten Buches erzählt uns von seinem Eingehen in den Himmel. Aber dieser wunderliche Einfall unserer jetzigen Textesrecension richtet sich von selbst. Während des Verlaufes der Schlacht sollte und durfte Bhîshma nicht sterben, denn erstens musste jeder Gedanke abgewiesen werden, als ob der fromme Arjuna, der Freund und Schwager des Kṛishṇa, d. h. des Vishṇu, seinen eigenen Grossvater getödtet habe, und zweitens muss ja Bhîshma, das Ideal eines Kriegers, noch die ausgedehnten Reden des zwölften und dreizehnten Buches über die Pflichten des Kriegerstandes halten; Reden und Belehrungen, welche nach der Meinung der Brahmanen gerade so die wichtigsten Theile des Mahâbhârata, dieses ad usum der Kriegerkaste zurechtgeschnittenen Buches, sein sollten, wie sie für uns, die wir nach den erhaltenen Resten des alten Heldengesanges suchen, die unwichtigsten und langweiligsten sind. Im Kampfe durch Kriegershand ist Bhîshma gefallen, wie es allein sein Wunsch sein konnte und wie es ihm, während er mit Râma focht, die Vasu geweissagt hatten.

Zweitens aber lässt unser Gedicht es ungewiss, wer eigentlich den Bhîshma, wenn nicht getödtet, so doch schliesslich zu Falle gebracht hat, ob Arjuna oder ob Çikhaṇḍin. Ja an einzelnen Stellen wird bestimmt Letzteres behauptet 6, 13, 9 = 503; 6, 13, 20 = 527; 7, 1, 2 = 1; 7, 151, 7 = 6535; 8, 73, 11 = 3644; 8, 74, 40 = 3673. Dass aber wirklich Arjuna den Bhîshma getödtet hat, geht hervor aus einer Menge von Stellen, welche dieses Ereigniss entweder zum Voraus prophezeien, wie 5, 185, 20 = 7309; 6, 107, 38 = 4923; 6, 107, 99 = 4985; 6, 112, 4 = 5201; oder als schon geschehen erwähnen, wie 1, 1, 184 = 182; 1, 2, 250 = 525; 6, 14, 11 = 518; 7, 2, 2 = 90 („Bhîshmam pâtitam Savyasâcinâ") 7, 150, 20 = 6513. (An der zuletzt genannten Stelle fehlen in C die Worte: çayâṇam na açakam trâtum Bhîshmam âyodhane hatam) 7, 137, 35. (Die Stelle fehlt in C): „Seiner Pflicht gemäss ist Bhîshma im Kampfe gefallen". Ein Zweifel, dass wirklich Arjuna den Bhîshma gefällt hat, kann kaum erhoben werden.

Drittens aber sagt unser Gedicht, wo es dies wirklich zugibt, dass Arjuna wenigstens ohne Sünde gehandelt habe. Daher wird jenes oben erwähnte Stück eingeschoben, in welchem Bhîshma dem Feinde selbst das Mittel angibt, wie man ihn tödten solle. Aber noch haben sich Stellen erhalten, in welchen klar gesagt wird, dass Arjuna seinen Grossvater unrechtmässiger oder hinterlistiger Weise, adharmeṇa, pâpena, chalena, gefällt habe. So 8, 10, 27 = 370: „Bhîshma ist, als er die Waffen niedergelegt hatte, von Arjuna, der hinter dem Çikhaṇḍin stand, getödtet worden". „Mit Unrecht ist unser Lehrer (Yudhishṭhira spricht 12, 27, 31 = 811), der

Beschützer unserer Kindheit, von uns getödtet worden". Derselbe Yudhishṭhira macht sich 12, 37, 19 = 1362 Vorwürfe, dass er seinen Grossvater durch Betrug habe fällen lassen (ghâtayitvâ tam âjau chalena). Dem Arjuna wird 14, 81, 9 = 2410 von Ulûpî der Vorwurf gemacht: „Auf unrechtmässige Weise hast du den Bhîshma getödtet, als er gar nicht mit dir kämpfte". — Das Unrecht bestand aber in einer Verletzung der damals giltigen 6, 1, 27 = 28 angegebenen Regeln des ritterlichen Kampfes, nach welchen jede List verboten war und wer die Waffen gesenkt hatte nicht getödtet werden durfte, auch jede Einmischung eines Dritten in einen Kampf zweier Helden untersagt war; besonders aber darin, dass Arjuna den Çikhaṇḍin als Schild vor sich stellte, gegen welchen sich nicht zu wehren Bhîshma geschworen hatte. Es ist, nach den alten ritterlichen Begriffen, schon schlimm genug, wenn Arjuna, obwohl er bemerkt, dass Bhîshma sich gegen die Angriffe des Çikhaṇḍin nicht wehrt, diesen auffordert: „Tödte ihn rasch" 6, 117, 4 = 5455. Aber möglicher Weise ging das „Unrecht" des Arjuna noch weiter: er kämpfte als Çikhaṇḍin verkleidet, dieser als Arjuna. Nur so verstehen sich ganz die schönen Worte des sterbenden Bhîshma 6, 119, 60 = 5627 mit dem Refrain: das sind nicht die Pfeile des Çikhaṇḍin, es sind die Pfeile des Arjuna. Nur so fällt helles Licht auf die oben angeführten Worte der Ulûpî, oder auf die des Dhṛitarâshṭra 6, 120, 2 = 5690, dass Bhîshma gefallen sei, weil er aus Mitleid den Sohn des Drupada nicht bekämpfen wollte. Der Hergang der Sache scheint im alten Gedichte wirklich derselbe gewesen zu sein, wie er in den „Indischen Sagen von Adolf Holtzmann" dargestellt wird.

Die jetzige Gestaltung des Mahâbhârata aber versteckt, wie gesagt, diesen Sachverhalt so viel als möglich. Muss ja doch 6, 115, 13 = 5347 Bhîshma selbst den Yudhishṭhira bitten, er möge seinem Leben ein Ende machen, und ihm das Mittel dazu angeben. Alles nur damit den Arjuna keine Schuld treffen soll. Aber eben diese geflissentlichen und gehäuften Entschuldigungen machen einen entgegengesetzten Eindruck.

Kehren wir zum weiteren Verlaufe der Schlacht zurück. Am elften Schlachttage steht Arjuna an der Spitze seines Heeres 7, 6, 26 = 193, an der des feindlichen Heeres (nicht, wie jeder Leser erwartet, der von dem sterbenden Bhîshma so warm empfohlene und von dem Heere bei seinem Wiedererscheinen so begeistert aufgenommene Karṇa, sondern) Droṇa, welcher dem Duryodhana das Versprechen gibt, er werde an diesem Tage den Yudhishṭhira lebendig gefangen nehmen, vorausgesetzt, dass es gelinge durch irgend ein Mittel den Arjuna von seinem Bruder zu trennen. Durch Spione erfährt dies Yudhishṭhira und fordert 7, 13, 4 = 468 den Arjuna auf, an diesem Tage nicht von seiner Seite zu weichen. Dieser antwortet: „den Droṇa zwar, meinen Lehrer, werde ich nicht tödten, aber auch dich soll er nicht gefangen nehmen, eher mag die Erde in Stücke gehen und der Himmel einfallen; ich habe nie gelogen und bin niemals besiegt worden". Er rettet auch seinen von Droṇa hart bedrängten Bruder 7, 16, 45 = 663, wird aber sonst an diesem elften Tage der Schlacht wenig erwähnt.

In der Nacht vom elften zum zwölften Tage erklärt Droṇa wiederum, so lange Arjuna seinen Bruder beschütze, könne er ihn nicht gefangen nehmen, daher müsse man suchen jenen abzulenken. Nun verschwören sich die Helden der Trigarta zum Tode des Arjuna; morgen müssten sie selbst oder Arjuna von der Erde verschwinden; sie wollten zur Hölle fahren, wenn sie vor ihm flöhen. — Diese Verschwörung ist schon viel früher 5, 55, 58 = 2201 erwähnt. — Während diese den Arjuna bekämpfen, soll Droṇa seinem Versprechen gemäss den Yudhishṭhira gefangen nehmen. Als Arjuna von dem Vorhaben der Verschworenen hört, erklärt er sich, gegen den Wunsch des Yudhishṭhira, bereit die Herausforderung anzunehmen 7, 17, 39 = 711.

Am Morgen des zwölften Schlachttages ordnen sich die Heere und Arjuna liefert nun den Saṃçaptaka oder Verschworenen einen gewaltigen Kampf, tödtet einen ihrer Führer, den kühn vordringenden Sudhanvan 7, 18, 22 = 743 und viele ihrer Krieger zu Hunderten und Tausenden 7, 27, 21 = 1215, darunter einen Bruder des Suçarman 7, 28,

8 = 1233; den König selbst schlägt er in die Flucht. Zwischen die Kämpfe mit den Saṃçaptaka fallen noch mehrere Einzelkämpfe, deren wichtigster der mit Bhagadatta ist, dem auf einem Elephanten reitenden Könige von Prâgjyotisha. Dieser treibt die Pancâla vor sich her, so dass Kṛishṇa seinen Freund darauf aufmerksam macht und ihn ermahnt dem Bhagadatta entgegenzutreten. Nachdem eine Schaar der Saṃçaptaka, die sich dazwischen geworfen, zersprengt ist, erreicht Arjuna den Bhagadatta. Dieser verwundet den Kṛishṇa und durchbohrt mit einem andern Pfeile das Diadem des Arjuna, aber gleich darauf tödtet dieser zuerst den Elephanten und durchbohrt dann das Herz des Bhagadatta durch einen Pfeilschuss 7, 29, 42 = 1295. (Der Fall des Bhagadatta durch Arjuna ist auch durch andere Stellen gesichert 8. 5, 16 = 105; 11, 23, 13 = 647). Gleich darauf tödtet er zwei Fürsten der Gândhâra, Söhne des Subala, den Vṛishaka und den Acala, mit einem einzigen Pfeile. als sie sich umschlingend auf einem Wagen standen 7, 30, 11 = 1312; vgl. 8, 5, 41 = 130; den dritten Bruder, Çakuni, treibt er trotz seiner Zauberkünste in die Flucht; eine Menge Gândhâra-Krieger fallen vor seinen Pfeilen und Niemand ist im Stande ihm zu widerstehen. Nachher sehen wir ihn wieder im Kampfe mit den Verschworenen 7. 31, 29 = 1372, an deren Seite hier auch die Nârâyaṇa. also die Leute des Kṛishṇa, kämpfen. Nach deren Besiegung wendet er sich 7, 32, 42 = 1414 gegen Droṇa, dessen Heer er ebenfalls in die Flucht schlägt; es wird dabei angemerkt, dass er der Fliehenden geschont habe. Bei dieser Gelegenheit kämpft er auch mit Karṇa und tödtet drei Brüder desselben, den Çatrunjaya, den Vipâṭa und einen dritten, dessen Name nicht genannt wird 7. 32, 61 = 1433. Dass er dann dem Yuyudhâna gegen Duryodhana, Droṇa und Jayadratha zu Hilfe kommt, ist das Letzte, was von Thaten des Arjuna an diesem Tage erzählt wird.

Aus dem nun folgenden dreizehnten Schlachttage wird uns von Thaten des Arjuna Nichts berichtet; es heisst nur. dass er wiederum mit den Saṃçaptaka zu kämpfen hatte 7, 33, 16 = 1468, welche ihn ablenken sollten, damit Duryodhana den Yudhishṭhira gefangen nehmen könnte. Das Hauptereigniss des Tages ist der sehr ausführlich, wiewohl nicht sehr klar erzählte Heldentod des Sohnes des Arjuna, des Abhimanyu. Dieser fällt, weit von seinem Vater entfernt, auf einer andern Seite des Schlachtfeldes; wie es scheint opfert er sich für Yudhishṭhira, der sich auch nachher die Schuld an dem Unfalle beimisst. Dass aber von den Thaten des Arjuna an diesem Tage Nichts berichtet wird, hat darin seinen Grund, dass bei der Umarbeitung des Gedichtes die Ereignisse und Kämpfe eines einzigen Tages auf mehrere vertheilt wurden; Abhimanyu fiel, während Arjuna mit den Verschworenen beschäftigt war; der Kampf mit Suçarman und den Samçaptaka fällt ursprünglich in die gleiche Zeit mit dem Falle des Abhimanyu.

Mit Beginn der Nacht kehrt Arjuna, nach Vertilgung des Heeres der Saṁçaptaka, voll schlimmer Ahnungen vom Schlachtfelde nach dem Lager zurück 7. 72, 3 = 2479. „Ich höre keine fröhliche Musik, die Krieger weichen mir aus, warum kommt Abhimanyu mir nicht entgegen?" Er findet seine Brüder, keiner grüsst ihn, aus ihren betrübten Blicken und ihrem stummen Schmerze erräth er nach und nach, dass sein Sohn gefallen ist, und klagt nun wie ein Kaufmann, der sein Schiff verloren hat 7, 72, 46 = 2522; er stellt sich lebhaft vor, wie Abhimanyu in seiner Noth sich vergeblich nach seinem Vater umgesehen habe, und beklagt die Subhadrâ. Die Brüder aber tadelt er heftig, dass sie seinen Sohn nicht besser beschützt; es sei keine Tapferkeit in ihnen; er selbst würde niemals seinem Sohne befohlen haben sich in Gefahr zu stürzen. Die andern vermögen nicht den betrübten und entrüsteten Vater anzureden, nur Kṛishṇa beruhigt ihn: Abhimanyu sei den Weg aller tapfern Helden gegangen, und Yudhishṭhira erzählt den Vorgang kurz. Der ergrimmte Vater schwört, wenn er bis zu Sonnenuntergang des folgenden Tages den Jayadratha, den Mörder seines Sohnes, nicht getödtet habe, so werde er sich selbst in das Feuer stürzen 7, 73, 47 = 2606. Wegen dieses Schwures tadelt ihn Kṛishṇa heftig: „Warum hast du, ohne vorher deinen Freund zu fragen, diesen Schwur geleistet? Wir werden noch zum Gespötte der Welt". Aber Arjuna wiederholt seinen Schwur und beauftragt den Kṛishṇa, in aller Frühe den Wagen zu rüsten 7, 76, 26 = 2704. Er kann die ganze Nacht nicht schlafen; die Mutter des Abhimanyu zu trösten überlässt er ihrem Bruder Kṛishṇa. — Nun folgt ein çivaitisches Einschiebsel. Mitten in der Nacht begibt sich Kṛishṇa zu Arjuna, in welchem unterdessen Zweifel aufgestiegen sind, ob er sein Gelübde werde lösen können, und räth ihm 7, 80, 19 = 2838. sich von Çiva den Bogen Pâçupata zu erbitten. Darauf entrückt Kṛishṇa durch seine übernatürliche Macht den Arjuna über den Himavat zu dem Wohnsitze des Çiva; sie verehren denselben und singen sein Lob, worauf er sich ihnen sichtbar zeigt; sie bitten ihn um seinen Bogen Pâçupata. Er weist sie an einen mit Amṛita gefüllten See, in welchem sie zwei Schlangen sehen; diese verwandeln sich alsbald in Bogen und Pfeil; Arjuna ergreift beide, darauf verabschieden sie sich von Çiva und kehren in das Lager zurück 7, 81, 24 = 2909.

Der Morgen des vierzehnten Schlachttages bricht an und Arjuna, der die Beschützung seines Bruders Yudhishṭhira für diesen Tag dem Yuyudhâna anempfohlen, zieht auf den Kampfplatz; Krähen spielen um sein Haupt, Meteore durchziehen die Luft, die ganze Erde erzittert. Zunächst liefert Arjuna 7, 89, 1 = 3150 der hinter einer Reihe Elephanten aufgestellten Schaar des Durmarshaṇa eine Schlacht; er entwickelt dabei eine solche Raschheit, dass man ihn an mehreren Orten zugleich zu sehen glaubt; der Erdboden wird weithin mit Menschenköpfen bedeckt. Nachdem Arjuna diese Feinde in die Flucht geschlagen, folgt 7, 90, 5 = 3187 der ebenso siegreiche Kampf mit Duḥçâsana und seinen Elephantenreitern. Er schiesst die Krieger von den Elephanten herab und tödtet oft zwei und drei durch einen einzigen Pfeilschuss. Der Kampf mit Droṇa und seiner Schaar 7, 91, 9 = 3225 wird auf den Rath des Kṛishṇa abgebrochen, da ein viel wichtigerer mit Jayadratha zu bestehen sei. Gefolgt von Yudhâmanyu und Uttamaujas sucht nun Arjuna zu dem von vielen Helden beschützten Jayadratha vorzudringen; aber er hat noch eine Menge von Kämpfen zu bestehen, bevor er sich bis zu ihm den Weg gebahnt. So ficht er 7, 92, 18 = 3278 mit Kṛitavarman. 7, 92. 35 = 3295 mit Çrutâyudha, welcher bei dieser Gelegenheit umkommt, obwohl nicht durch Arjuna's Hand, sondern von seiner eigenen, zurückprallenden Keule erschlagen; und dem Sudakshiṇa, dem Sohne des Königs der Kâmboja, durchbohrt er mit einem Pfeile das Herz 7, 92, 61 = 3321; vgl. 8, 5, 20 = 109. Aber die Reihen der Feinde zu durchbrechen ist er nicht im Stande. Es folgt 7, 93, 7 = 3344 der Kampf mit Çrutâyus und Açyutâyus, in welchem Arjuna durch den Wurfspiess des ersteren und den Dreizack des letzteren in grosse Lebensgefahr geräth und schon für todt gehalten wird; aber von Kṛishṇa gestärkt, tödtet er die beiden Feinde sammt ihren Söhnen Niyatâyus und Dîrgâyus durch Pfeilschüsse; gleich darauf schneidet er auch dem andern Çrutâyus, dem Fürsten der Ambashṭha, das Haupt mit einem Pfeile ab 7, 93, 68 = 3405; vgl. 8, 5, 18 = 107. Nunmehr hat Arjuna die Krieger des Vordertreffens alle zerstreut und rückt weiter vor gegen Droṇa und Duryodhana, dieser letztere macht sich bereit ihn anzugreifen. Die Sonne neigt sich schon abwärts und noch immer sieht Arjuna den Jayadratha noch nicht, der sich, von Kṛipa, Açvatthâman und Karṇa beschützt, hinter der Linie hält. Die Rosse leiden an Durst und Ermattung und nur langsam bahnt Arjuna sich den Weg mitten durch die Feinde gegen den Wagen des Jayadratha. Die beiden Âvantya-Brüder, Vinda und Anuvinda, werfen sich dem Arjuna entgegen, fallen aber von seinen Pfeilen durchbohrt zur Erde wie vom Winde geknickte Bäume 7, 99, 25 = 3690. Als Arjuna bereits, obwohl in weiter Ferne, des Jayadratha ansichtig wird, bemerkt er die Müdigkeit seiner durstigen Pferde; er steigt vom Wagen herab und scheucht mit seinen Pfeilen die von allen Seiten auf ihn losstürzenden Feinde zurück; da kein Wasser in der Nähe ist, spaltet er mit einem Pfeilschusse die Erde und es entsteht ein Teich 7, 99, 59 = 3721, in welchem die müden Pferde sich erquicken, während Kṛishṇa ihnen die Pfeile auszieht. Die erfrischten Pferde werden wieder eingespannt und Arjuna rückt, stets siegreich, vor. Er erblickt deutlich den lange gesuchten Jayadratha und erhebt schon kampflustig den Löwenschrei, da eilt zu dessen Schutz Duryodhana ihm entgegen 7, 101, 36 = 3798 und beide Feinde überschütten sich mit

Pfeilen, bis Duryodhana nach Verlust seiner Begleiter und seiner Pferde den Kampf aufgibt 7, 103, 29 3871. Wiederum näher gegen Jayadratha vordringend, wird Arjuna von Bhûriçravas, Karṇa, Duryodhana und Açvatthâman angegriffen, aber er schlägt sie zurück und trifft mit seinen Pfeilen endlich den Jayadratha selbst 7, 104, 32 = 3922. Unterdessen hat sich Yudhishṭhira mit Hilfe des Bhîmasena und des Yuyudhâna des Droṇa erwehrt; er erfährt des Arjuna Bedrängniss durch Droṇa und bittet 7, 110, 47 = 4181 den Yuyudhâna, er möge ihn verlassen und seinem Bruder zu Hilfe kommen, wenn derselbe überhaupt noch am Leben sei; zu seinem eigenen Schutze genüge Bhîmasena. Nach einigem Zaudern, weil Arjuna ihm den Schutz des Yudhishṭhira aufgetragen hatte, macht Yuyudhâna sich auf den Weg und erreicht nach langen Kämpfen endlich den Arjuna 7, 120, 47 = 4804. Bald wird von dem ängstlichen Yudhishṭhira, der nirgends das Affenbanner wehen sieht und nie den Schall des Gâṇḍîva vernimmt 7, 126, 6 = 5101, auch über das Schicksal des Yuyudhâna keine Nachricht hat, auch noch Bhîmasena den beiden nachgeschickt, der seinen Bruder dem Schutze des Dhrishṭadyumna empfiehlt. Auch Bhîmasena dringt nach langen und harten Kämpfen bis in die Nähe des Arjuna vor; als beide Brüder einander erblicken, erheben sie den Löwenschrei 7, 128, 32 = 5246 so laut, dass der weit entfernte Yudhishṭhira ihn hört und zu seiner Freude die Stimme erkennt. Jedoch werden die Brüder öfters wieder getrennt; Arjuna kommt dem Bhîmasena gegen Karṇa zu Hilfe 7, 139, 11 = 5802 und schlägt den Karṇa und den Açvatthâman in die Flucht. Darauf wird Yuyudhâna von Bhûriçravas angegriffen und Arjuna schwankt, wohin er sich wenden solle 7, 141, 26 = 5867: „Ich bin betrübt, denn ich weiss nicht, ob der von Yuyudhâna verlassene Bruder noch lebt; es war doch beschlossen, dass Yuyudhâna den Yudhishṭhira schützen sollte, warum zieht er jetzt mir nach? Noch leben Droṇa und Jayadratha, ein Gelübde nöthigt mich den Mörder meines Sohnes aufzusuchen, ich kann nicht zugleich auch noch den Yuyudhâna schützen, obwohl es sehr nöthig wäre: seine Pferde sind matt, sein Wagenlenker erschöpft, sein Gegner aber noch frisch.

Möge Yuyudhâna glücklich sein; es war ein Fehler von Yudhishṭhira ihn wegzuschicken; ich selbst muss jetzt den Jayadratha tödten, denn die Sonne neigt sich schon ihrem Untergange zu". Aber unterdessen hat Bhûriçravas den Yuyudhâna zu Boden geworfen und kniet ihm auf die Brust, ihn bei den Haaren packend und zum Todesstreiche ausholend. Da schiesst Arjuna auf den Rath des Kṛishṇa 7, 142, 71 5949 den Pfeil nach ihm und schneidet ihm den rechten Arm ab. Der verstümmelte Held ruft ihm zu: „Wie konntest du, aus edlem Geschlechte entsprossen, so heimtückisch handeln? Das Kriegsrecht (astradharma) verbietet, den anzugreifen, der nicht auf seiner Hut ist. Aber du gehst freilich mit dem niedrigen Kṛishṇa um!" Damit wirft er seine abgehauene Hand mit der Linken dem Arjuna vor die Füsse. Gleich darauf tödtet Yuyudhâna, der sich indessen wieder erholt hat, den verstümmelten Bhûriçravas. Die That des Arjuna aber findet allgemeine Missbilligung. Denn das Einmischen eines Dritten in einen Zweikampf war nach damaligem Waffenrechte unedel. Es ändert auch nichts daran, dass Arjuna und Kṛishṇa den sterbenden Helden loben und segnen und ihm gerührt verheissen, er werde die Welt der Guten erreichen; das Schicksal habe es eben gewollt, dass er sterbe. Die Ansicht des alten Gedichtes über Arjuna und Kṛishṇa spricht sich aus in den angeführten Worten des verstümmelten Bhûriçravas, ebenso später in der Klage seiner Angehörigen 11, 24, 13 = 689, es sei dies eine unrechte (adharma) und abscheuliche (atibîbhatsa) That des Arjuna gewesen. — Darauf ermahnt Arjuna den Kṛishṇa, den Wagen rasch gegen Jayadratha zu fahren; die Sonne gehe bald unter und es bleibe ihm nur noch wenig Zeit sein Gelübde zu erfüllen 7, 145, 4 = 6058. Aber Jayadratha ist von allen Seiten beschützt; die besten Helden, Duryodhana, Karṇa, Kṛipa, Açvatthâman, Çalya, Vṛishasena, haben ihn in ihre Mitte genommen. Von Bhîmasena und Yuyudhâna unterstützt verwundet Arjuna den Karṇa, der am ganzen Körper blutet, schlägt die andern Helden in die Flucht und greift zuletzt den Jayadratha selbst mit Pfeilschüssen an; dessen Flagge und Wagenlenker fallen 7, 146, 57 = 6210. In diesem Augenblicke will die Sonne untergehen. Aber ehe sie wirklich scheidet bewirkt Kṛishṇa durch seine Zauberkraft eine Verdunkelung der Sonnenscheibe; die Feinde schauen freudig nach dem Himmel und halten den Arjuna schon für todt. Aber sie werden von dessen Pfeilen überschüttet und ein anderer Pfeil schneidet dem gerade nach der Sonne schauenden Jayadratha das Haupt ab 7, 146, 22 = 6275, ja das Haupt wird weit weg vom Schlachtfelde dem gerade betenden Vater des Jayadratha in den Schooss geschleudert. Nun wird es wieder heller und die Völker erkennen die Zauberei des Kṛishṇa. Von dem Falle des Jayadratha an bis zum wirklichen Sonnenuntergange 7, 148, 24 = 6410 besteht Arjuna noch glückliche Kämpfe mit Kṛipa, der bewusstlos aus der Schlacht gefahren werden muss, und mit Açvatthâman; von einem Angriffe auf Karṇa hält ihn Kṛishṇa vorsichtig zurück, weil jener noch im Besitze des unfehlbaren Speeres des Indra ist, und schickt diesem den Yuyudhâna entgegen; auch die Klagen des Bhîmasena über die Misshandlungen des Karṇa verleiten den Arjuna nicht dazu diesen anzugreifen. Vielmehr fährt er langsam über das Schlachtfeld hin zu Yudhishṭhira und meldet dem erfreuten Bruder den Ausgang des Kampfes; die Ehre des Sieges geben beide dem Kṛishṇa.

Die ganze nun folgende Nacht über (zwischen dem vierzehnten und fünfzehnten Tage des Kampfes) dauert der Kampf fort; man streitet bei dem Scheine angezündeter Fackeln. Mit seinem Bruder Bhîmasena greift Arjuna den Droṇa an, die Pfeilkämpfe mit diesem werden geschildert 7, 156, 47 = 6775 und 7, 157, 45 = 6965. Ein Kampf mit Karṇa 7, 159, 51 = 7093 endet mit dessen Niederlage; er rettet sich auf den Wagen des Kṛipa. Ebenso zwingt Arjuna den Alambusha zur Flucht 7, 165, 16 = 7371; 7, 167, 36 = 7497. Als dann Arjuna den von Karṇa bedrängten Fürsten Yuyudhâna und Dhṛishṭadymna zu Hilfe kommen will, wird ihm 7, 170, 62 = 7670 von Duryodhana Çakuni mit Duḥçâsana entgegengeschickt; nach heftigem Kampfe 7, 171, 25 = 7704 schlägt Arjuna beide zurück und nöthigt das vor Droṇa und Karṇa fliehende Heer der Pâṇḍava Stand zu halten 7, 172, 26, = 7760. Den Karṇa aber greift Arjuna auf den Rath des

Kṛishṇa 7, 173, 35 = 7809 nicht selbst an, sondern schickt ihm den Ghaṭotkaca entgegen; denn noch hat Karṇa die Lanze des Indra. An dem nun folgenden harten Kampfe nimmt Arjuna keinen Antheil; er sieht ihm unthätig aus der Ferne zu und schickt von Zeit zu Zeit seiner Partei Verstärkungen 7, 177, 34 = 8059. Nach dem Falle des Ghaṭotkaca sind alle Pâṇḍava tief betrübt, nur Kṛishṇa jubelt laut 7, 180, 11 = 8189, dass nun sein Plan gelungen sei; denn jetzt hat Karṇa die Lanze nicht mehr, die er für den Tod des Arjuna aufgespart, er kann jetzt gefällt werden. Man sieht, Kṛishṇa opfert den Ghaṭotkaca wie früher den Abhimanyu; als kaltblütiger Schachspieler gibt er den Bauern Preis um den Thurm zu retten. — Nun gönnen sich auf den Rath des Arjuna 7, 184, 25 = 8386 die schlafblinden Krieger eine kurze Ruhe; aber nachdem der Mond aufgegangen, beginnt der Kampf wiederum und wir finden den Arjuna, im letzten Theile der Nacht, mit Duryodhana im Kampfe begriffen 7, 186, 14 = 8470.

Der fünfzehnte Tag des Kampfes beginnt mit einem hartnäckigen, aber unentschiedenen Kampfe zwischen Arjuna und Droṇa 7, 188, 24 = 8597, alle Krieger vergessen des Kampfes und schauen zu. Das Hauptereigniss dieses fünfzehnten Tages ist der Fall des Droṇa. An der verrätherischen List, durch welche dieses wichtige Ereigniss von den Pâṇḍava zu Stande gebracht wird, nimmt Arjuna keinen Antheil; er versagt seine Zustimmung 7, 190, 13 = 8706 zu dem Plane, dem alten Brahmanen den Tod seines Sohnes Açvatthâman zu melden und ihm, wenn er vor Schmerz die Waffen sinken lasse, den Todesstreich zu geben; diesen sucht er sogar abzuwenden, aber vergeblich 7, 192, 66 = 8874. Doch ist wie immer sein Widerstand gegen die Treulosigkeit des Kṛishṇa nur ein schwächlicher und wie gewöhnlich begnügt er sich mit nachträglichem Tadel 7, 196, 33 = 9060. Vor dem Grolle des unwiderstehlich anstürmenden Açvatthâman, des ergrimmten Sohnes des gefallenen Droṇa, senkt selbst Arjuna die Waffen nieder 7, 199, 53 = 9247 und enthält sich auf einige Zeit des Kampfes. Späterhin rettet er den Bhîmasena vor der Wuth des Açvatthâman und mit einem langen Kampfe zwischen diesem und Arjuna 7, 201, 14 = 9404 und des ersteren Flucht endet der Kampf dieses Tages. Nach eingetretener Waffenruhe erhält Arjuna Besuch von Vyâsa 7, 202, 3 = 9496, der ihn über die Allmacht des Çiva belehrt und auffordert, denselben anzubeten: ein çivaitisches Gegenstück zur vischnuitischen Bhagavadgîtâ.

Das Verhältniss des Arjuna zu Droṇa war in dem alten Gedicht ein ähnliches wie das zu Bhîshma. Beinahe ebensowenig wie diesem war Arjuna dem Droṇa gewachsen, geschweige ihm, wie das jetzige Gedicht annimmt, überlegen. Wie Bhîshma kann auch Droṇa sich nicht entschliessen, den geliebtesten seiner Schüler ernstlich zu bekämpfen. Er klagt 5, 139, 4 = 4707: „Wehe dass ich den Arjuna angreifen soll, der mir noch lieber ist als mein Sohn Açvatthâman"; Dieselben Worte finden sich auch 5, 148, 16 = 5017. Daher bemerkt Duryodhana ausdrücklich 6, 97, 4 = 4407, dass Droṇa die Pâṇḍu-Kinder niemals angreife; er beklagt sich bei Droṇa selbst darüber 7, 150, 30 = 6522: „du schonst immer des Arjuna und mittlerweile kommen meine Freunde um"; eben so bedauert er 7, 152, 10 = 6577, dass Droṇa den Arjuna immer noch liebe und sich nicht entschliessen könne ihn zu bekämpfen. Noch nach dem Falle des Droṇa wird von ihm gesagt, er habe die Pâṇḍu-Kinder, seine Schüler, immer geschont 8, 10, 29 = 372. Dagegen wünscht Arjuna 7, 147, 3 = 6302 seinen Lehrer und dessen Sohn Açvatthâman zu tödten; freilich wird hinzugefügt, er habe diesen Wunsch alsbald wieder bereut. Dass Arjuna die Art, wie Droṇa getödtet wird, missbilligt, aber nicht verhindert, liegt ganz in seinem Charakter; nachdem die That geschehen, nennt er sie eine schlechte, grausame und sündige (in einer sehr merkwürdigen Rede 7, 196. 33 = 9060) und will sie nicht überleben; und doch hat der göttliche Kṛishṇa die Lüge angerathen. So verdankt Arjuna seine Siege grossentheils einerseits der List des Kṛishṇa, andererseits der unedel benutzten Grossmuth seiner Gegner. Noch deutlicher tritt dies hervor in dem nun folgenden Kampfe mit dem alten Haupthelden des Gedichtes, mit Karṇa.

Am folgenden sechszehnten Tage führt Arjuna sein halbmondförmig aufgestelltes Heer auf den Kampfplatz 8, 11, 28 = 425. Es folgt nun von 8, 16, 4 = 613 an der schon im siebenten Buche ausführlich erzählte Kampf mit den Samçaptaka, den zu Arjuna's Tod verschworenen Helden der Kaliñga, Bañga, Añga und Nishâda. Dieser Kampf wird nicht nur an diesem Tage noch ab und zu erwähnt 8, 16, 40 = 649; 47 = 656; 17, 7 = 667; 26 = 636; 19, 1 = 711; 27, 2 = 1077; 24 = 1099, sondern ebenso noch am folgenden siebzehnten = 8, 47, 8 = 2217; 53, 2 = 2564; 56, 97 = 2788; 59, 3 = 2911; 60, 90 = 3064; 81, 2 = 4124, ja sogar noch am achtzehnten und letzten Tage der Schlacht 9, 8, 31 = 398; 9, 10, 62 = 521; 14, 45 = 749, ohne dass individuelle Züge aus diesem Kampfe erwähnt würden; was in dieser Hinsicht an Stoff vorlag, wurde schon im siebenten Buche verwerthet. Mit diesem Kampfe des Arjuna durchkreuzen sich fortwährend andere, so mit Açvatthâman 8, 16, 21 = 630, welcher flieht; mit den beiden Mâgadha-Prinzen Daṇḍadhâra und Daṇḍa 8, 18, 5 = 690, welche beide durch die Pfeile des Arjuna ihr Leben verlieren. Nachdem dieser noch den Sohn des Ugrâyudha getödtet hat, fordert Kṛishṇa ihn auf, jetzt nicht länger mehr zu „spielen“, sondern Karṇa anzugreifen. Aber Arjuna hat noch lange zu kämpfen, bis er zu Karṇa vordringt. Wir finden ihn 8, 27, 1 = 1076 in heftigem Kampfe begriffen mit den Trigarta. Wie ein Baumwollenbündel vor dem Winde, stäubt das Heer vor ihm nach allen Seiten auseinander; vor ihm fallen Çatrunjaya, Citrasena, des Suçruta Sohn, Candradeva, Mitrasena; dem Satyasena, welcher den Wagenlenker Kṛishṇa so am Arme verwundet hat, dass er den Stachelstock fallen liess, trennt er mit einem Pfeile das ohrringgeschmückte Haupt vom Leibe; das ganze Heer flieht. Gegen Karṇa vorrückend 8, 30, 13 = 1217 wird Arjuna von Duryodhana, Kṛipa, Açvatthâman und Kṛitavarman angegriffen; auch Karṇa eilt ihm entgegen, aber indem auf beiden Seiten immer neue Helden herbeieilen, entsteht ein allgemeiner heftiger Kampf, dem erst der Einbruch der Nacht ein Ziel setzt.

Der siebzehnte Tag der Schlacht beginnt, der Tag der Entscheidung, von welchem Karṇa sagt: „Heute werde ich den Arjuna tödten oder er mich“. Damit Karṇa in allen Stücken dem Arjuna gleich sei, hat Duryodhana den besten Wagenlenker seines Heeres, den König Çalya, vermocht für heute den Dienst eines Wagenlenkers bei Karṇa zu übernehmen; der stolze König von Madra hat sich jedoch vollständige Redefreiheit ausbedungen und benützt diese fortwährend zu hämischem Tadel des Helden. Unterdessen tritt Arjuna an die Spitze des Heeres der Pâṇḍava 8, 46, 37 = 2159 und stellt es in Schlachtordnung 8, 47. 3 = 2212, worauf ein allgemeiner und furchtbarer Kampf beginnt. Doch scheint Arjuna sich etwas zurückzuhalten; erst 8, 53, 5 = 2567 hören wir wieder von ihm. Hier kämpft er mit den Kosala und den Nârâyaṇa, welche zu den Verschworenen gehören; sie halten seine Pferde an und einige haben bereits den Wagen bestiegen und Hand an Kṛishṇa gelegt; aber dieser stürzt sie wieder vom Wagen herab, wie ein ergrimmter Elephant seinen Führer, und Arjuna wirft ihnen Fussschlingen um und tödtet sie. König Suçarman trifft ihn darauf so kräftig in der Gegend des Herzens, dass Arjuna besinnungslos auf den Wagensitz zurücksinkt; die Feinde jubeln: gefallen ist der Pârtha, und stossen in die Muschelhörner. Aber auch hier erholt sich Arjuna sehr rasch wieder, greift nach seiner Indra-Waffe und erwehrt sich mit seinen Pfeilschüssen der Feinde. Als diese entflohen fordert er 8, 56, 87 = 2778 den Kṛishṇa auf, den Wagen mitten unter das feindliche Heer gegen Karṇa zu lenken; es werfen sich ihm die „Verschworenen“ und die Kâmboja in den Weg, er tödtet deren eine Menge, darunter den jüngern Bruder des Sudakshiṇa. Mit dem herbeieilenden Açvatthâman hat er einen heftigen Kampf zu bestehen 8, 56, 118 = 2810; er fürchtet sich und glaubt, seine Kraft habe ihn verlassen, so dass Kṛishṇa in heftigem Tadel ihn ermahnen muss sich wieder zu ermannen. Nun trifft Arjuna seinen Gegner so heftig auf die Brust, dass dieser das Bewusstsein verliert und durch den Wagenlenker rasch aus dem Kampfgewühl entfernt wird. Im Allgemeinen aber sind die Kaurava im Vortheile und Arjuna wendet sich 8, 58, 3 = 2859 an Kṛishṇa mit den Worten: „Siehe wie unser Heer flieht und wie Karṇa unsere Helden zum Tode schickt;

nirgends aber erblicke ich den Yudhishṭhira und sehe nirgends seine Flagge wehen; ein Drittel nur des Tages ist noch übrig, es kämpft keiner der Söhne des Dhṛitarâshṭra mit mir, wir wollen den Yudhishṭhira aufsuchen und dann weiter kämpfen". So fahren sie über das von Leichen bedeckte Schlachtfeld und der ungeduldige Arjuna treibt immer zu rascherem Fahren. Sie stossen 8, 59, 53 = 2961 auf den von Açvatthâman in grosse Lebensgefahr versetzten Dhṛishṭadyumna und Arjuna lenkt den Angriff des Droṇa-Sohnes auf sich ab; auch dieser Kampf endet mit einem Siege des Arjuna; den Dhṛishṭadyumna hat Sahadeva schon vorher entfernt. Als aber Karṇa herbeieilt, um mit Arjuna in einen Zweikampf sich einzulassen, treibt Kṛishṇa den Wagen rasch davon. Sie sehen den Yudhishṭhira von Ferne; während des Fahrens macht Kṛishṇa den Arjuna in lebendigen Worten auf die Angst ihrer Krieger vor Karṇa aufmerksam („Schau wie die grossen Helden laufen" 8, 60, 28 = 3004) und ermahnt ihn, endlich den Karṇa anzugreifen. Aber dazu kommt es noch nicht so rasch; wir sehen zunächst den Arjuna wieder im Kampfe mit Açvatthâman 8, 61, 13 = 3079; 64, 1 = 3215; er schiesst dessen Wagenlenker zu Boden, aber jener ergreift selbst die Zügel und kämpft weiter; da zerschneidet Arjuna 8, 64. 31 = 3245 mit seinen Pfeilen die Zügel der Pferde des Açvatthâman und diese laufen eiligst davon. Jetzt sieht sich Arjuna wieder ängstlich nach Yudhishṭhira um 8, 65. 3 = 3287 und sein Bruder Bhîmasena theilt ihm mit, derselbe sei vor den Pfeilen des Karṇa geflohen; ob er noch lebe, wisse er nicht. Wiederum fordert Arjuna seinen Wagenlenker auf, den Yudhishṭhira aufzusuchen; sie finden endlich den König, springen vom Wagen und begrüssen ihn. Der Anblick der mit Blut bespritzten und mit Pfeilen bedeckten Freunde bringt den Yudhishṭhira zu dem Glauben, sein Bruder habe den Karṇa erschlagen. Er bricht in lauten Jubel aus, dass nun der Schild und das Schwert der Feinde gefallen sei, und erzählt, wie noch vor Kurzem Karṇa ihn vor dem ganzen Heere besiegt und verhöhnt habe; er bittet um ausführlichen Bericht. Da antwortet Arjuna 8, 67, 2 = 3358, Karṇa sei noch am Leben. Er erzählt seinen harten Kampf mit Açvatthâman, wie dann vor dem dazu kommenden Karṇa alle Pancâla und Prabhadraka geflohen seien. Jetzt aber, fährt er fort, schwöre er den Fuhrmannssohn ums Leben zu bringen. Er will eilig umkehren, damit nicht unterdessen Bhîmasena in Gefahr komme. Aber der in seiner frohen Erwartung getäuschte Yudhishṭhira, den die Wunden noch schmerzen, die Karṇa ihm geschlagen, überhäuft den Bruder mit kränkenden Worten 8, 68. 2 = 3381: „dein Heer ist geflohen, du hast aus Furcht vor Karṇa deinen Bruder im Stiche gelassen, ohne an deine prahlerischen Versprechen zu denken. Hättest du damals, im Walde Dvaitavana, ehrlich dein Unvermögen den Karṇa zu besiegen erklärt, so hätten wir den Krieg niemals begonnen. Selbst die Götter sprechen nicht mehr die Wahrheit, denn bei deiner Geburt hörte man eine Stimme vom Himmel prophezeien, du werdest einst den Indra an Tapferkeit übertreffen. Gib deinen Bogen einem bessern Helden; Hohn sei dir und deiner Tapferkeit". Der auf diese Art gekränkte Arjuna ergreift sein Schwert, um den Bruder zu tödten. Wiederum ist es Kṛishṇa, dessen Klugheit das Aeusserste verhindert: „Warum ziehst du das Schwert? Wen willst du tödten? Hat nicht Bhîmasena die Söhne des Dhṛitarâshṭhra vertilgt? Du hast das Schlachtfeld verlassen, um nach dem Befinden deines Bruders zu sehen; du siehst er ist gesund. Was hast du vor?" Noch in vollem Zorne erwiedert Arjuna, er habe geschworen, jeden zu tödten, der ihm zumuthe, den Gâṇḍîva herzugeben; er wolle seinen Schwur halten und diesen geringsten aller Männer tödten. Da sehe man, spottet Kṛishṇa, was herauskomme, wenn man zu wenig mit alten, erfahrenen Leuten umgehe. Er spricht seinen Lieblingssatz aus, das Recht sei eine subtile und schwierige Sache und es sei keineswegs so leicht zu wissen, was man thun dürfe und was nicht. So wolle jetzt Arjuna, um der Pflicht der Worterfüllung zu genügen, eine ungleich grössere Pflicht brechen und seinen König und ältern Bruder tödten. Wie schwer es sei die Pflicht zu erkennen, das erläutert Kṛishṇa noch durch eine Geschichte von einem Brahmanen, der sich in seinen Reden stets ängstlich an die Wahrheit hielt und doch zur Hölle fuhr, weil er sich auf die Subtilitäten der Pflicht nicht verstand (sûkshmadharmeshu akovidas): er hatte nachsetzenden Räubern auf ihre Frage die Richtung angegeben, in welcher die Flüchtlinge geflohen waren. Der schon halb beruhigte Arjuna erklärt, er wolle weder seinen Bruder tödten noch sein Wort brechen; Kṛishṇa möge ihm ein Mittel angeben, wie beides zu vereinigen sei. Ein für diesen Fall passendes Sophisma aufzufinden ist für Kṛishṇa nicht schwer. Er führt aus und bekräftigt es mit einer heiligen Stelle (çruti), wer eine grosse Beschimpfung sich gefallen lasse, den nenne man, auch wenn er noch lebe, einen Todten; Arjuna solle also seinen Bruder schmähen und beschimpfen, besonders aber ihn statt „Herr“ mit „du“ anreden, damit sei der König moralisch getödtet; nachher aber möge Yudhishṭhira dem Bruder verzeihen und Arjuna, befreit von der Sünde der Unwahrheit wie von der des Brudermordes, in die Schlacht zurückkehren und den Karṇa tödten. (Der Einfall mit dem „du“ ist ganz spät; diese Anrede ist ganz allgemein und Kṛishṇa selbst z. B. lässt sie sich von seinem Wagenlenker gefallen 3, 22, 25 = 873). Nun fährt Arjuna 8, 70, 2 = 3493 den Bruder mit barschen Worten an und macht so seinem Zorne Raum, was der schlaue Kṛishṇa allein bezweckte. „Sprich du nicht, der sich nur bis auf Hörweite dem Kampfplatz nähert; Bhîmasena mag mich tadeln, der mit den besten Helden der ganzen Welt gefochten hat, nicht du, der sich immer nur von seinen Freunden beschützen lässt“. Nachdem er den Bruder gescholten und seine eigenen Heldenthaten, wodurch er die Hälfte des feindlichen Heeres vernichtet habe, hervorgehoben, stösst er sein Schwert wieder in die Scheide und schwört, seinen Panzer nicht ablegen zu wollen, bevor er den Karṇa getödtet. Darauf bittet er seinen Bruder um Verzeihung. Dieser ist ganz in Verzweiflung, er bittet ihn zu tödten oder den Bhîmasena zum König zu machen, er selbst wolle sich in den Wald zurückziehen. Aber Kṛishṇa stellt ihm vor 8, 70, 49 = 3540, Arjuna habe nur der Form wegen so gesprochen, um sein Gelübde zu erfüllen, weil eine Respectsperson (guru) geringschätzig zu behandeln so viel sei als sie zu tödten; seine Vorstellungen führen endlich die Versöhnung beider Brüder herbei, sie umarmen sich unter Thränen und

Arjuna erneuert sein Versprechen, den Karṇa zu tödten. Nun besteigt Arjuna den Wagen 8, 72, 8 = 3680 und kehrt, von Glück verheissenden Vögeln begleitet, zum Schlachtfelde zurück, unterwegs von Kṛishṇa angefeuert, alle seine Kräfte anzustrengen, denn sein Gegner sei ihm mindestens ebenbürtig. Er erinnert ihn an seine früheren Siege, aber auch daran, dass von ihrem eigenen Heere nur noch ein kleiner Rest übrig sei, und schildert den Karṇa als den Urheber alles Uebels, das Duryodhana den Pâṇḍu-Söhnen zugefügt habe; er zeigt ihm die Pancâla, welche vor Karṇa fliehen, wie sie niemals vor Bhîshma geflohen waren. Muthig entgegnet Arjuna 8, 74, 4 = 3754: „Wenn du mir Gehülfe bist, Kṛishṇa, will ich selbst die andere Welt erobern. Hier flieht das Heer der Pancâla, hier schreitet furchtlos Karṇa umher, überall sehe ich seine Pfeile blitzen; jetzt aber soll ein Kampf sich erheben, von welchem man reden wird so lange die Erde steht. Heute soll die Erde das Blut des Hochmüthigen trinken, der allein sich für einen Mann hält". Unterdessen ist Bhîmasena mit seinem Heere in die grösste Bedrängniss gerathen und sehnt sich sehr nach Arjuna; da macht ihn sein Wagenlenker auf das Affenbanner aufmerksam, das man in der Ferne wehen sieht. Auch Arjuna merkt die Bedrängniss der Seinen und treibt den Kṛishṇa zu grösserer Eile an 8, 77, 1 = 3862. Bald stürzt Arjuna sich in das feindliche Heer wie ein Wallfisch in den Ocean, durch sein Erscheinen gewinnen auch Bhîmasena und die andern Helden wieder neuen Muth und die Feinde, selbst Duryodhana, fliehen. Aber auf der andern Seite des Schlachtfeldes wüthet Karṇa nicht minder schrecklich in dem Heere der Somaka und Pancâla. Zwar sieht Arjuna 8, 79, 1 = 4004 von ferne den Karṇa und befiehlt dem Kṛishṇa gegen ihn zu fahren; aber sie treffen sich noch lange nicht, immer neue Gegner werfen sich unterwegs dem Arjuna entgegen. Er bekämpft 8, 79, 79 = 4073 den Açvatthâman, Kṛipa, Kṛitavarman und Duryodhana; aber seinen Pfeilregen können sie nicht aushalten und wenden sich zur Flucht. Gleich darauf sehen wir ihn wieder seinem Bruder Bhîmasena zu Hilfe kommen 8, 80, 1 = 4091; nachdem er diesen aus der Gefahr gerettet, trennt er sich wieder von ihm und stürzt sich von neuem in das Heer der Feinde. Zehn Brüder des Duryodhana stellen sich ihm in den Weg, aber seine Pfeile schiessen ihnen die Köpfe ab 8, 80, 26 — 4116. Ebenso tödtet er neunzig zu der Zahl der „Verschworenen“ gehörige Krieger, die seinen nach Karṇa strebenden Lauf hemmen wollen, und eine Menge auf Elephanten reitender Barbaren (Mleccha 8, 81, 11 = 4133); und als erst Bhîmasena mit seiner Keule dem Bruder sich angeschlossen, hält ihnen kein Feind mehr Stand: sie fliehen und sammeln sich um den Wagen des Karṇa, der ein Blutbad unter den Pancâla anrichtet. Ein Sohn des Karṇa, Vṛishasena, hat den Nakula überwältigt, der sich auf den Wagen des Bhîmasena rettet; laut rufend fährt Arjuna gegen Vṛishasena 8, 84, 42 = 4304 und seine scharfen Pfeile schneiden diesem die Arme und Haupt ab, was sein nicht mehr weit entfernter Vater mit ansehen muss. Dieser bahnt sich nun den Weg zu Arjuna und während er näher kommt, ermahnt Kṛishṇa nochmals seinen Freund zur Tapferkeit 8, 86, 2 = 4349. Dieser antwortet gefasst, entweder für ihn oder für Karṇa sei jetzt die Todesstunde gekommen; doch zweifle er nicht am Siege; Kṛishṇa möge dem Feinde entgegen fahren. Jetzt endlich 8, 87, 2 = 4373 treffen die beiden ergrimmten Feinde zusammen, einander zum Kampfe aufrufend. Die Krieger beider Heere laufen herbei, stossen in ihre Muschelhörner und rufen dem einen oder dem andern Helden Glückwünsche zu. Aber auch alle Götter und alle Elementarkräfte nehmen Partei, der Himmel ist auf der Seite des Karṇa, die Erde wünscht dem Arjuna den Sieg. Alle Götter, die Apsaras und die Gandharva eilen herbei und schweben in der Luft, um dem Kampf zuzuschauen. Alle Schlangen kommen und wünschen den Sieg des Arjuna oder des Karṇa. Die Götter sind getheilt, Indra wünscht den Sieg des Arjuna, aber Sûrya, der Sonnengott, den seines Sohnes Karṇa; die ganze Götterwelt theilt sich in zwei Parteien 8, 57. 58 = 4429, sie bitten den Brahman den Kampf zwischen beiden „gleich“ sein zu lassen, d. h. den Ausgang nur von ihrer Tapferkeit abhängen zu lassen, ohne göttliche Einmischung. Aber Brahman und Çiva, der hier eingeschwärzt wird, entscheiden sich für Arjuna. Ehe der Kampf beginnt segnet Kṛishṇa nochmals den Arjuna 8, 87, 105 = 4477: „Mag die Sonne vom Himmel fallen, der grosse Ocean austrocknen, das Feuer kühlen eher, als dass Karṇa dich tödte“. Arjuna entgegnet: „Noch heute sollen weinen die Frauen des Karṇa, Subhadrâ aber sich trösten“. Der Kampf beginnt und bald ist die Luft verfinstert von den Pfeilen der beiden Helden, während die Krieger zuschauen und bald einander zurufen, nicht näher zu treten, bald ihrem Helden, den Gegner rasch zu tödten. (Hier wird die Erzählung durch einen spätern Zusatz unterbrochen: Duryodhana, Kṛitavarman, Çakuni, Kṛipa bekämpfen zugleich mit Karṇa den Arjuna und werden von ihm zurückgeschlagen.) Arjuna ergreift seine Feuerwaffe (âgneyam astram) und schiesst sie auf Karṇa ab; die umstehenden Krieger laufen mit grossem Geschrei und mit lodernden Kleidern davon 8, 89, 18 = 4541 wie bei einem Waldbrande; Karṇa aber holt sein Wassergeschoss (vâruṇam astram) und löscht* damit das Feuer der Agni-Waffe. So dauert der Kampf noch lange fort, ohne dass einer der Helden dem andern einen Vortheil abgewönne, während Bhîmasena und Kṛishṇa nicht aufhören, den Arjuna durch Zurufe anzufeuern. Sie tödten sich beiderseits das Gefolge 8, 89, 64 = 4587, so Arjuna den Königssohn Sabhâpati, der ohne Kopf von seinem Wagen herabstürzt. Bald gewinnt Karṇa, bald wieder Arjuna die Oberhand 8, 90, 9 = 4630. Der Schlangenfürst Açvasena, welcher bei dem Brande des Waldes Khâṇḍava seine Mutter verloren hat und deshalb dem Arjuna zürnt, erhebt sich aus der Unterwelt Pâtâla und hängt sich, unbemerkt von Karṇa, als Pfeil an dessen Bogen, um den Arjuna zu beissen und zu tödten. Als nun Karṇa nach diesem Pfeile greift, gibt der zuschauende Gott Indra seinen Sohn schon für verloren; aber Kṛishṇa drückt rasch den Wagen etwas in die Erde, so dass die Pferde auf die Kniee fallen; der Pfeil reisst im Fluge dem

* Beiläufig bemerkt, ist dies hier 8, 89, 19 = 4542 sich findende Wort çamayâmbabhûva eines der äusserst seltenen Beispiele eines mit babhûva umschriebenen Perfects. Ich habe bis jetzt ausser diesem Beispiele im ganzen Mahâbhârata nur noch eines gefunden kathayâmbabhûvus sie erzählten 1, 192, 11 = 7166.

Arjuna das Diadem ab, welches einst Indra ihm geschenkt hatte, dass es zu Boden fällt und, von dem Schlangengifte verzehrt, zu Asche wird. Die Schlange eilt zu Karṇa zurück, erklärt diesem wer sie sei und bittet ihn, nochmals mit ihr den Arjuna zu treffen. Aber Karṇa erklärt, er lege nie den nämlichen Pfeil zweimal auf, auch verabscheue er unehrlichen Kampf, durch fremde Hilfe wolle er nicht siegen, sollte er gleich hundert Arjuna's zu bekämpfen haben 8, 90, 47 4675. Die Schlange will nun allein ihren Feind tödten, aber nach der Anweisung des Kṛishṇa zerstückelt Arjuna sie rasch mit sechs Pfeilen. Die Verschiedenheit der Kampfesweise beider Helden zeigt sich auch im Folgenden deutlich: durch eine Wunde vorn auf der Brust wird Karṇa für einen Augenblick betäubt und Arjuna will nun nach Kriegerbrauch (purushavrate sthitas) mit Pfeilwerfen aufhören; aber er folgt dem Rathe des Kṛishṇa, nur immerfort abzuschiessen; Indra habe es auch nicht anders gehalten im Kampfe mit den Dânava. Zwar befolgt Arjuna diesen Rath, aber Karṇa kommt wieder zu sich und seine Pfeile zerreissen seinem Gegner eine Bogensehne nach der andern. Nun bleibt der Wagen des Karṇa mit einem Rade im Schlamme stecken, der Held springt vom Wagen herab und packt mit beiden Händen das Rad, um es herauszuziehen 8, 90, 105 = 4734. Dabei ruft er Arjuna zu: „Warte einen Augenblick, bis ich das Rad herausgehoben; du als ein berühmter Krieger wirst nicht schlecht handeln, kein wackrer Held schiesst auf den, der die Waffen bei Seite gelegt". — Dass Arjuna, auf den Rath des Kṛishṇa, diese Bitte des Karṇa, die sich ganz auf den herrschenden ritterlichen Kriegsgebrauch stützte, nicht erfüllte, ist nach dem Vorhergegangenen zu erwarten, wird aber in dem Gedichte, wie wir es jetzt lesen, verdeckt. — Statt des Arjuna antwortet Kṛishṇa: ein verbrecherischer Mensch wie Karṇa dürfe sich überhaupt nicht auf den Rechtsgebrauch (dharma) berufen, derselbe sei von der andern Seite zu vielfach verletzt worden; er zählt alles Unrecht her, was den Pâṇḍu-Kindern von Duryodhana widerfahren sei, und die beiden ergrimmten Helden greifen wieder zu den Waffen. Da trifft Karṇa seinen Gegner auf die Brust, dass er taumelt und betäubt zurücksinkt. Diesen

Augenblick will Karṇa benützen, seinen Wagen wieder frei zu machen; er springt herab und packt das Rad mit beiden Händen, aber durch eine Schicksalsfügung (daivât) kann er es trotz seiner Stärke nicht aus dem Schlamme ziehen. Unterdessen kommt Arjuna wieder zu sich und greift auf den Rath des Kṛishṇa nach seinem Bogen; zuerst schiesst er den Flaggenstock des Karṇa zusammen, der andere Pfeil schneidet dem Karṇa selbst das Haupt ab, wie einst der Donnerkeil des Indra das Haupt des Vṛitra 8, 91, 50 = 4798. Die Pâṇḍava umarmen sich jubelnd und stossen in ihre Muschelhörner, die Kaurava aber, Çalya voran, ergreifen die Flucht; besonders vor Arjuna stürzen alle Feinde davon 8, 92, 32 = 4866 und mit Beginn der Nacht tritt Waffenruhe ein 8, 95, 3 = 4966; es folgt noch die freudige Begrüssung des Arjuna durch Yudhishṭhira 8, 96, 13 = 4994.

Der Fall des Karṇa bildet den Höhepunkt des alten Heldengedichtes. Zwischen ihm und Arjuna herrscht, ausserdem dass sie im Kriege einander gegenüberstehen, auch die bitterste persönliche Feindschaft und Eifersucht. Von jeher, heisst es 3, 309, 20 = 17172, bestand Eifersucht zwischen Arjuna und Karṇa und immer wünschten sie einander zu bekämpfen, wo sie nur sich sahen. Auch der Sonnengott Sûrya spricht 3, 301, 16 = 16973 zu seinem Sohne Karṇa von der fortwährenden Eifersucht, die zwischen ihm und Arjuna herrsche. „Dieses Unheil trifft mich zur Strafe, dass ich die bittern Worte des Karṇa mir habe gefallen lassen“, sagt der von einem Yaksha überwundene Arjuna 3, 312, 3 = 17244. Der Grund dieser Feindschaft liegt in dem gegenseitigen Neide auf den Ruhm vollkommenen Heldenthums; haben ja schon die Knaben in der Schule des Droṇa mit einander gewetteifert 1, 132, 12 = 5222. Doch genügt dieser Waffenneid, der ja auch zwischen Bhîshma und Karṇa herrschte, nicht, um die Todfeindschaft beider Helden zu erklären. Hier betonte das alte Gedicht gewiss viel schärfer das Verhältniss beider zu Draupadî, dieser Helena des indischen Epos. Jenes Wort: „Einen Fuhrmannssohn wähle ich nicht“, womit Draupadî den siegreichen Karṇa bei der Gattenwahl zurückweist, ist ein anderer Hauptgrund des Grolles des Karṇa, der ja späterhin der Kuntî verspricht, der andern vier Söhne des Pâṇḍu zu schonen, niemals aber des Arjuna. — Die beiden Feinde galten für einander ebenbürtig. So wird vor der Schlacht jedem Pâṇḍava ein Gegner bestimmt, den er besonders zu tödten trachten solle, und dabei Arjuna dem Karṇa gegenübergestellt 5, 164, 5 = 5706. Es ist die Ansicht des alten Gedichtes, welche Karṇa 8, 31, 52 — 1302 ausspricht: „Arjuna hat den Kṛishṇa zum Wagenlenker und in diesem Punkte ist er mir überlegen. in jeder andern Hinsicht aber bin ich ihm überlegen". Ebenso sagt der Sonnengott 3, 301, 17 = 16974 zu Karṇa: „Nicht kann Arjuna dich tödten, so lange du die Ohrringe hast, selbst wenn Indra ihm beistünde". Sogar Kṛishṇa gibt es zu in einem Gespräche mit Arjuna 8, 72, 28 = 3621, dass Karṇa seinem Rivalen mindestens gleich, vielleicht sogar überlegen sei. Daher gibt auch vor der Schlacht Kuntî sich die grösste Mühe, zwischen diesen ihren beiden Söhnen Friede zu schliessen; „heute noch", sagt sie 5, 145, 9 = 4925 zu Karṇa, „schliesse Freundschaft mit Arjuna, dann wird euch beiden Nichts unmöglich sein". Aber Karṇa verspricht nur. ihre beiden andern Söhne und die der Mâdrî zu verschonen, Arjuna aber müsse von seiner Hand sterben. — Mit dieser Ansicht von der überwiegenden Kraft und Tapferkeit des Karṇa stehen im Widerspruch die vielen Kämpfe, in welchen er von Arjuna besiegt und in die Flucht geschlagen wird. Aber alle Kämpfe zwischen diesen beiden, welche dem Todestage des Karṇa vorangehen, sind spätere Zusätze. Das alte Epos wusste nur von einem einzigen ersten und letzten Kampfe der beiden Helden. So lange Bhîshma lebt, bleibt der grollende Karṇa in seinen Zelten und enthält sich gänzlich des Kampfes. Nach dem Tode des Bhîshma dagegen übernahm alsbald Karṇa das Kommando; denn die fünf Tage des Droṇa beruhen nur auf einer späteren Einschaltung, wiewohl nicht die in diesen Zeitraum verlegten Begebenheiten und Heldenthaten. Nun begehrt zwar Karṇa alsbald mit seinem Todfeinde zu kämpfen, aber Kṛishṇa hält den Arjuna sorgfältig von ihm ferne, weil dieser noch den niemals fehlenden Speer des Indra in der Hand habe 7, 147, 35 = 6331, wo er hinzufügt: „Ich werde schon erkennen, wann die Zeit des

Karṇa gekommen sein wird, die Zeit, da deine Pfeile ihn zu Boden strecken werden". Ebenso wird Arjuna 7. 173, 37 7811 durch den Rath des Kṛishṇa abgehalten, jetzt schon mit Karṇa zu kämpfen, weil dieser noch den Speer des Indra habe. Auch 7, 182, 29 = 8275 (wo mit B zu lesen ist Rhâdheyât statt Kaunteyam in C) wird ganz richtig gesagt, dass Kṛishṇa den Arjuna immer vor Karṇa schütze und einen Zusammenstoss der beiden Helden immer zu verhüten wisse. Ebenso deutlich sind Stellen wie 8, 3, 11 = 61: „Stets weicht Arjuna dem Karṇa aus Furcht aus, wie niederes Wild dem Löwen", oder 8. 9, 49 = 299: „Bis jetzt hat Arjuna es immer vermieden, mit Karṇa zusammenzutreffen". Ausdrücklich hebt Karṇa 8, 31, 36 = 1286 es hervor, dass bis heute, d. h. bis zu dem Morgen des siebzehnten Tages, es zu einem Kampfe zwischen ihm und Arjuna nicht gekommen sei. Erst nach dem Falle des Ghaṭotkaca, als Karṇa seinen Speer verloren hatte, reizt Kṛishṇa den Arjuna zum Kampfe mit Karṇa: „Jetzt, nachdem Indra dir zu Liebe die Ohrringe des Karṇa geraubt hat, nachdem auch Ghaṭotkaca für dich gefallen ist, damit Karṇa seine Lanze verliere, jetzt tödte ihn, wann er nicht auf seiner Hut ist" 7, 180, 18 = 8196. Es ist deutlich, zwischen den beiden Stiefbrüdern ist dies nicht nur ihr letzter, sondern auch ihr erster Kampf. Diesen letzten Kampf zieht Kṛishṇa noch eine Zeit lang hinaus. Arjuna ist, wie Yudhishṭhira ihm ganz mit Recht Schuld gibt, vor Karṇa geflohen, ohne mit ihm zu kämpfen; in dem jetzigen Gedichte aber wird dies so dargestellt, als ob er, von einer plötzlichen Sehnsucht nach seinem Bruder erfasst, diesen aufgesucht habe; und dass er dann bis gegen Abend bei Yudhishṭhira bleibt, nicht kämpfend und frische Kräfte sammelnd, während Karṇa sich müde kämpft, ist gewiss wieder durch die Schlauheit des Kṛishṇa herbeigeführt. Beruhen so alle Kämpfe des Karṇa und Arjuna im siebenten Buche (um vom vierten ganz zu schweigen) auf späteren Einschaltungen, so geht nun weiter aus der jetzigen so sehr überarbeiteten Fassung des Gedichtes hervor, dass selbst diesen letzten Kampf Arjuna nur durch unredliche List des Kṛishṇa gewonnen hat. Er tödtet auf den Rath des Kṛishṇa, gegen alle Kriegsregel, den Karṇa, als dieser eben die Waffen niedergelegt hat und, wehrlos, sich bückt, um das im Moraste stecken gebliebene Rad herauszuziehen. Dass er trotz seiner Stärke dies nicht rasch bewerkstelligen kann, daran hat nach der Angabe des Gedichtes das Schicksal die Schuld; früher war hier wohl von dem Eingreifen eines dem Karṇa feindlich gesinnten Gottes die Rede. Ausser der List des Kṛishṇa tragen am Falle des Karṇa die Hauptschuld Açvasena und Çalya. Die Betheiligung der Schlange Açvasena ist in der jetzigen Redaction verwischt; aber 9, 61, 36 = 3423 sagt Duryodhana, der die unehrliche Kampfart des Pâṇḍava tadelt, ganz deutlich, Karṇa sei durch den Betrug der Schlange Açvasena gefallen. Wahrscheinlich hatte Açvasena, ergrimmt über die stolze Abweisung des Karṇa, den gleichen Dienst dem Arjuna angeboten und war hier nicht zurückgewiesen worden. Was aber den Çalya betrifft, so muss es jedem Leser auffallen, dass in der zweiten Hälfte der Beschreibung des Kampfes von ihm gar keine Rede mehr ist; warum lässt er den Wagen sich verfahren und warum springt nicht er herab, ihn wieder frei zu machen, statt des Karṇa? Vergleichen wir die hitzigen Reden, womit Çalya und Karṇa einander angreifen. mit den Stellen 5, 8, 45 = 217; 5, 18, 23 = 567; 6, 43, 87 = 1615, in welchen Çalya den Pâṇḍava verspricht, ihnen Gelegenheit zu schaffen, den Karṇa zu tödten, so wird es klar. dass neben der Ungunst des Indra, neben der verrätherischen List des Kṛishṇa, neben dem Betruge des Açvasena auch die thörichte Bosheit des auf Karṇa eifersüchtigen Çalya jene Katastrophe herbeiführt; Çalya benutzt das Vorrecht freier Rede, das er sich ausbedungen, so lange zu kränkenden Invectiven gegen Karṇa, bis dieser mit gleicher Münze heimzahlt. und rächt sich dann, sei es, dass er sein Amt als Wagenlenker nicht mehr versieht und den Wagen verlässt, sei es. dass er denselben absichtlich in dem Moraste sich verfahren lässt. Trotz aller Entstellungen macht der Bericht von dem Tode des Karṇa noch jetzt einen spannenden und ergreifenden Eindruck; die Tragik des ganzen Vorfalles wird noch dadurch erhöht, dass der Kampf zwischen leiblichen Brüdern stattfindet. Diesen letzteren Umstand erfährt übrigens Arjuna erst nach der grossen Schlacht

12, 1, 25 = 25 und beruhigt sich seiner beliebten Gewohnheit gemäss mit einigen nachträglichen sentimentalen Klagen.

In der ersten Hälfte des nun folgenden achtzehnten Tages geht der lange Kampf zu Ende. Trotz der heldenmüthigen Tapferkeit und der eindringlichen Ermahnungen des Duryodhana wagen die Kaurava nicht mehr dem Arjuna Stand zu halten 9, 3, 10 = 135; mit Bhîmasena vereint vernichtet er das Heer der Feinde 9, 3, 36 — 161; bei dem Anblick des Affenbanners und dem Schwirren des Gâṇḍiva verlieren sie die Besinnung und stürzen sich in wilde Flucht. Nochmals rücken sie vor. Kṛitavarman greift den Arjuna an 9, 8, 31 = 398, aber dieser und Bhîmasena schlagen das zusammengeschmolzene und entmuthigte Heer in die Flucht, 9, 9, 36 = 448; 9, 10, 62 = 521. Ein hartnäckiger Kampf mit Açvatthâman und den noch übrigen Helden der Trigarta 9, 14, 1 = 705, ein anderer mit Kṛipa und Kṛitavarman 9, 16, 4 = 799, ein dritter mit den Kriegern des inzwischen durch die Hand des Yudhishṭhira gefallenen Çalya 9, 18, 6 = 960, welche er in die Flucht schlägt und verfolgt 9, 19, 30 = 1026, ein vierter mit den Schaaren des Çakuni 9, 24, 51 = 1322, deren Elephanten durch seine Pfeilschüsse fallen, ein fünfter mit der von Duryodhana angeführten Schaar 9, 27, 28 = 1470, wobei er den Satyakarman und den Suçarman, den tapfern König der Trigarta, und eine Menge seiner Anhänger tödtet, und ein sechster und letzter mit den Kriegern des von Sahadeva getödteten Çakuni 9, 29, 2 = 1568 und 33 = 1600 beendigen die lange Reihe der in dem achtzehntägigen Kampfe ausgeführten Heldenthaten des Arjuna. An demselben Tage ist Arjuna noch Zuschauer des Keulenkampfes zwischen Duryodhana und Bhîmasena 9, 58, 1 = 3246 und gibt dabei, auf den Rath des Kṛishṇa, seinem Bruder Bhîmasena, indem er sich selbst auf den Schenkel schlägt, ein Zeichen, er solle unredlich kämpfen. So zerschlägt denn die Keule des Bhîmasena dem Duryodhana den Schenkel und tödtlich verwundet fällt der Held zu Boden. Die Sieger lassen den sterbenden Gegner liegen und ziehen in das Lager des Duryodhana. Als dort Arjuna von seinem Wagen absteigt

9, 62. 8 = 3467. verschwindet der Affe aus seinem Banner und der Wagen sammt den Pferden zerfällt in Asche.

Diese massenhaften auf achtzehn Tage vertheilten Kämpfe ziehen in dem Gedichte, wie wir es jetzt lesen, ohne sichtbaren Zusammenhang. ohne Steigerung, in steter ermüdender Wiederholung mechanisch abwechselnd. wie Schattenbilder an uns vorüber: aber stets unterbrochen von Andeutungen. die auf die Gestalt ihres wahren Verlaufs im alten Gedichte ihre Schlaglichter werfen. Besonders wichtig für die Kritik sind diejenigen Schlachtberichte. in welchen derselbe Kampf zwischen denselben Gegnern und mit demselben Ausgange mehrfach erzählt wird; diese beruhen fast ohne Ausnahme auf allen und ächten Stücken, die dann bei der Zerdehnung des Mahâbhârața als Vorlagen benutzt wurden.

Am andern Morgen 10, 10. 8 = 550 erfährt Arjuna, der mit seinen Brüdern, mit Kṛishṇa und Yuyudhâna im Lager des Duryodhana übernachtet hat. durch den geretteten Wagenlenker des Dhṛishṭadyumna die schrecklichen Vorfälle der Nacht: Açvatthâman hat das Lager der Pâṇḍava überfallen und alle noch übrigen Helden getödtet. darunter auch den Sohn des Arjuna und der Kṛishṇâ. den Çrutakîrti. Voll Kummer eilen 10, 13, 6 = 652 die Brüder sammt Kṛishṇa nach dem Lager und treffen dort den Açvatthâman noch an: aber ein Kampf zwischen diesem und Arjuna unterbleibt auf Befehl der plötzlich erscheinenden Heiligen Vyâsa und Nârada. Es folgt dann die Versöhnung mit dem alten seiner Söhne beraubten Könige Dhṛitarâshṭra. Nachdem Arjuna seinem von Gewissensbissen geplagten Bruder Yudhishṭhira den Plan, die Herrschaft zu verlassen und in den Wald zu ziehen, ausgeredet hat 12. 8, 3 = 203: 12. 15, 2 = 425; 12, 18, 2 = 536; 12, 22, 1 = 636, ziehen die Brüder nach Hâstinapura, richten dort die Regierung und den Staat wieder ein und vertheilen die Beute und die Staatsämter unter sich 12, 41, 13 = 1479: dem Arjuna wird das Haus und die Habe des Duḥçâsana zugesprochen 12, 44, 8 = 1523. Darauf folgt der Besuch der Brüder bei dem immer noch auf seinem Pfeilbette ruhenden Bhîshma 12. 47, 105 = 4694 und dessen unendliche, den grössten Theil des zwölften und dreizehnten

Buches umfassende Reden; Yudhishṭhira, gelegentlich auch seine Brüder (so Arjuna 12, 167, 11 = 6220) fragen, Bhîshma antwortet. Auch ein Gespräch des Arjuna mit Kṛishṇa über die Namen des Vishṇu wird hier berichtet 12, 341, 3 = 13131, aber nicht dem Bhîshma, sondern direct dem Erzähler des ganzen Mahâbhârata, dem Vaiçampâyana, in den Mund gelegt. Zuletzt verlassen die Brüder den Bhîshma und kehren nach Hâstinapura zurück 13, 167, 16 = 7704. Nach fünfzig Tagen besuchen sie ihn wiederum und sehen ihn sterben und in den Himmel fahren. Aber Arjuna ist, wie es scheint, noch nicht belehrt genug. Er begibt sich 14, 15, 2 = 373 mit seinem Freunde Kṛishṇa auf Reisen; sie halten sich einige Zeit in Indraprastha auf und dort unterrichtet Kṛishṇa den Arjuna wiederum über göttliche und menschliche Dinge. Dann kehren beide 14, 51. 51 = 1476 nach Hâstinapura zurück, wo Kṛishṇa noch einige Zeit im Hause des Arjuna wohnt, dann aber Abschied nimmt, um in sein Reich zurückzukehren. Bald darauf beschliesst Yudhishṭhira 14, 63, 4 = 1874 ein Pferdeopfer zu veranstalten. Das Opferpferd muss ein Jahr lang frei umherlaufen, von einem Heere gefolgt; wohin das Pferd kommt, muss der Landeskönig, durch Gewalt oder Ueberredung, sich dem Zuge anschliessen, um späterhin dem Opfer beizuwohnen. Von Yudhishṭhira erhält Arjuna 14, 72, 22 = 2105 den Auftrag. dem Pferde nachzuziehen, es zu hüten und die Fürsten der durchwanderten Länder zu unterwerfen. Die Kämpfe, welche Arjuna bei diesem Zuge bestand, werden kurz erzählt, so 14, 74, 1 = 2141 der mit den Trigarta und ihren Königen Sûryavarman. Ketudharman und Dhṛitavarman; ferner 14, 75, 1 = 2175 mit den Prâgjyotisha und ihrem Könige Vajradatta, dem Sohne des Bhagadatta; dann 14. 77, 1 = 2221 mit den Saindhava, welche er gleichfalls besiegt, worauf die Königin Duḥçalâ, die einzige Schwester des Duryodhana, mit ihrem kleinen Enkel herbeieilt und den Arjuna überredet Friede zu schliessen. Am ausführlichsten ist der Kampf mit den Einwohnern von Maṇipûra erzählt 14, 78, 49 = 2301, deren König Babhruvâhana der eigene Sohn des Arjuna ist. Der Vater tadelt den Sohn, welcher, ganz gegen Kriegerart, versöhnliche Worte an seine Gegner richte, und nun beginnt Babhruvâhana den Kampf mit Arjuna. Sie verwunden sich gegenseitig, Arjuna verliert das Bewusstsein und wird als todt betrauert. Wir haben also hier, in diesem Kampfe zwischen Vater und Sohn, ein Seitenstück zu Rostem und Suhrab, zu Odysseus und Telegenos, zu Hildebrand und Hadubrand. Es ist wohl möglich, dass im alten Gedichte mit diesem Kampfe die Laufbahn des Arjuna abschloss, wenn auch dieser Kampf nicht gerade mit der Geschichte des Pferdeopfers zusammenhing. In dem Gedichte, wie es jetzt vorliegt, kehrt der Held wieder in das Leben zurück durch die Zauberkraft eines aus der Schlangenwelt herbeigeholten Edelsteines, welchen Ulûpî ihm auf die Brust legt. Vater und Sohn versöhnen sich und letzterer verspricht, sich bei dem Pferdeopfer einzufinden. Es folgt der Sieg über den König von Râjagriha, Meghasandhi des Sahadeva Sohn 14, 82, 2 — 2436. Noch eine Menge Völkerschaften werden von 14, 83, 2 = 2467 an aufgezählt, zu denen Arjuna, dem Pferde nachziehend, gelangt sei und die er nacheinander überwunden habe, z. B. die alle Opfer störenden Nishâda, die Draviḍa, die von einem Sohne des Çakuni beherrschten Gândhâra u. a. Zuletzt kehrt das Opferpferd, und ihm nach Arjuna mit seinem Heere nach Hâstinapura zurück 14, 85, 1 = 2510 und das Opfer wird vollzogen, wobei alle laut den Arjuna preisen, dessen Tapferkeit allein das Opfer ermöglicht habe 14, 87, 18 — 2592. Auch Babhruvâhana findet sich dazu ein. Nach diesem Opfer leben die Brüder noch fünfzehn Jahre lang in Glück und Frieden in Hâstinapura. Nachdem ihre Mutter Kuntî sich in eine Waldeinsiedelei zurückgezogen, besuchen Arjuna und die andern Brüder sie dort 15, 23, 1 = 618. Späterhin ziehen sie nach Gangâdvâra 15, 39, 14 = 1091, um für die dort verstorbenen Verwandten, ihre Mutter Kuntî, ihren Oheim Dhṛitarâshṭra und dessen Frau Gândhârî, das Todtenopfer zu bringen. Wiederum folgen zwanzig Jahre des ungestörten Friedens, da werden, im sechsunddreissigsten Jahre der Alleinherrschaft des Yudhishṭhira, die Brüder in grosse Trauer versetzt durch die Nachricht vom Tode des Krishṇa und seines Bruders Râma, sowie des Yuyudhâna und aller Krieger der Vṛishṇi. Die Kunde davon bringt Dâruka dem Arjuna noch auf Befehl des Kṛishṇa 16, 4, 3 = 106. Mit tiefem Schmerze vernimmt Arjuna die Kunde von dem Tode seines Lehrers und Freundes 16, 5, 1 = 133 und macht sich alsbald auf den Weg nach Dvârakâ, wo er von den trauernden Frauen des Kṛishṇa empfangen wird. Er klagt mit Vasudeva, dem Vater des Kṛishṇa, und verlässt am siebenten Tage die Stadt 16, 7, 32 = 208, welche nach seinem Abzuge vom Wasser verschlungen wird. Mit sich nimmt er den Enkel des Kṛishṇa, den Vajra, und was vom Volke noch übrig ist an Weibern, Kindern und Dienern. Unterwegs, in Pancanada, überfallen räuberische Dasyu den Zug und rauben die Frauen trotz der Gegenwehr des plötzlich von seiner Kraft verlassenen Arjuna. Mit dem Reste der Vṛishṇi zieht dieser nach Indraprastha und setzt dort den Vajra als König ein 16, 7, 71 = 248. Dann kehrt er, unterwegs von Vyâsa getröstet, nach Hâstinapura zurück. Dort beschliessen nun die Brüder ebenfalls die Welt zu verlassen. Der Enkel des Arjuna, Parikshit, der nachgeborene Sohn des Abhimanyu, wird zum Könige geweiht. Die fünf Brüder aber sammt Draupadî legen ihren Schmuck ab und ziehen Büsserkleider an 17, 1, 20 = 20; so treten sie, nur von einem Hunde begleitet, die letzte Reise an. Unterwegs zeigt sich ihnen der Feuergott Agni und fordert den Arjuna auf, seinen Bogen Gâṇḍîva dem Varuṇa zurückzugeben, damit die Waffe nicht in fremde, unwürdige Hände falle. Gehorsam wirft Arjuna Bogen und Köcher in das Wasser. Sie ziehen weiter den Himavat hinauf und hier fällt Arjuna todt zur Erde 17, 2, 18 = 64; lebend kann er, wie Yudhishṭhira erklärt, den Himmel nicht erreichen, weil er zu viel geprahlt habe. Nur Yudhishṭhira selbst erreicht bei lebendem Leibe den Himmel und sieht dort seinen Bruder Arjuna bei Kṛishṇa stehen 18, 4, 4 = 128. Damit schliesst das Mahâbhârata.

In der jetzigen Gestalt des Gedichtes ist Arjuna ohne Frage der hervorragendste unter allen den zahllosen Helden, die an dem grossen Kampfe Theil nehmen. Auch schon im alten Gedichte muss er, neben Karṇa und Bhîshma, eine der ersten Rollen gespielt haben, wie schon die Menge seiner Namen beweist. Sicher überragte er die Helden seiner Partei alle an Tapferkeit und Gewandtheit; nicht aber auch alle der Kaurava. Das jetzige Gedicht macht sich die Verherrlichung des Arjuna zu einer Hauptaufgabe; seine Thaten werden mit der grössten Ausführlichkeit geschildert und das ganze Gedicht ist seines Lobes voll. Dieses Lob bezieht sich zunächst zwar auf Arjuna als Helden und Krieger. „Stattlich an Schultern und Schenkeln, wie ein Çâla-Baum" 3, 37, 23 = 1478, trifft er mit seinen Pfeilen noch unfehlbarer als Indra mit seinem Donnerkeile 5, 52, 14 = 2098 und der unbesiegliche Bhîshma selbst erklärt 5, 156, 18 = 5295, dass unter allen Helden nur einer ihm gewachsen sei, Arjuna. Aber auch für jede andere Tugend ist er als Muster hingestellt, was nicht anders sein konnte, seit man in seinem besten Freunde, dem Kṛishṇa, den in Menschengestalt erschienenen Vishṇu zu erblicken angefangen hatte. Und doch zeigt eine nähere Prüfung, dass im alten Epos Arjuna weder als Mensch noch als Krieger einen so hohen Rang eingenommen haben konnte. Gerade die ewigen Entschuldigungen und Verwahrungen gegen die Behauptung, dass Arjuna seinen Grossvater Bhîshma (der ja zudem gar nicht sein Grossvater gewesen sei: Vyâsa habe den Pâṇḍu gezeugt und Indra den Arjuna) mit Unrecht und Hinterlist getödtet habe, zeigen uns deutlich, dass er im alten Gedicht als mit dieser Schuld belastet gedacht wurde. Ebenso verdankt er seinen Sieg über Karṇa mehr dem listigen Rathe des Kṛishṇa, als seiner eigenen Tapferkeit. Von Gesinnung ist Arjuna nicht unedel, aber leicht zu verführen. Das eigentlich Maassgebende bei seiner Beurtheilung ist sein Verhältniss zu Kṛishṇa. Hier müssen wir den früheren und den späteren, mit Vishṇu identificirten Kṛishṇa wohl unterscheiden. Im alten Gedichte ist er ein Mensch, und zwar ein weder durch Geburt noch durch Adel der Gesinnung hochstehender. Er ist der Wagenlenker, wohl auch schon der Schwager des Arjuna, sein bester Freund und listiger Rathgeber. Alle nach den Begriffen der alten Waffenehre unredliche und treulose Anschläge plant Kṛishṇa und Arjuna führt sie, nach einigem Widerstreben, entweder selbst aus, wie beim Falle des Bhûriçravas, oder lässt sie wenigstens geschehen, wie beim Tode des Droṇa. Diesem wird von den Feinden zugerufen, sein

Sohn Açvatthâman sei gefallen; im Schmerze darüber lässt er die Waffen einen Augenblick sinken und wird von Dhṛishṭadyumna getödtet. Das jetzige Gedicht macht den Frevel der Pâṇḍava, den es entschuldigen will, nur noch schlimmer, indem es hinzufügt, es sei wirklich vorher ein Elephant im Kampfe gefallen, den man Açvatthâman gerufen habe, also hätten die Pâṇḍava nicht gelogen. Ein bezeichnendes Beispiel jener Sophistik, welche die alte Moral verdarb und ein edles, aber spitzfindiges Volk entsittlichte, während die äussere Werkheiligkeit nur immer zunahm. — Der Plan zu dieser unritterlichen Kriegslist geht von Kṛishṇa aus und gefällt dem Arjuna anfangs nicht; doch gibt er schliesslich, wie immer, seinem Schwager nach, denn die Tapferkeit des Droṇa bringe sie in Lebensgefahr und in Lebensgefahr dürfe man lügen 7, 190, 12 = 8705; 47 = 8741. Immer ist Kṛishṇa die eigentlich leitende Intelligenz, Arjuna sein Werkzeug. Wie der listige Wagenlenker seinen tapferen Freund vom Kampfe mit Karṇa zurückhält, so lange nach seiner klugen Berechnung die Zeit der Entscheidung noch nicht gekommen ist, so feuert er ihn andererseits auch wieder durch Tadel und Spott zum Kampfe an, wenn ihm Arjuna zu lässig scheint; so hetzt er den müden gegen Açvatthâman 8, 56, 34 = 2826 und gegen Bhîshma 6, 59, 42 = 2549 und damit gleichlautend 6, 106, 33 = 4834. Gewiss alt ist die Erzählung, wie Kṛishṇa, da Arjuna nicht zum Kampfe gegen Bhîshma zu bewegen ist, vom Wagen herabspringt und sich dem des Bhîshma entgegenstürzt, von Arjuna aber beim zehnten Schritte eingeholt und zurückgehalten wird 6, 59, 89 = 2597; 6, 106, 40 = 4841. Die hier von Kṛishṇa gezeigte wilde Begeisterung ist nur wohlberechnete Schlauheit, um den noch immer zaudernden Arjuna durch eine drastische Scene zum Kampfe gegen Bhîshma zu bewegen. Denn Kṛishṇa ist überall der kaltblütige Politiker, der die romantischen Extravaganzen seines Freundes oft einem gründlichen Tadel unterzieht, z. B. 7, 75, 1 = 2648 seinen übereilten Schwur, sich selbst tödten zu wollen, wenn er bis zum Abende des folgenden Tages den Tod seines Sohnes Abhimanyu nicht an dem Mörder Jayadratha gerächt hätte. Durch solchen Tadel wird jedoch die

Freundschaft zwischen beiden niemals gestört. Wenn Arjuna sagt 5, 48, 69 = 1877: „Kṛishṇa hinter mir ist mir lieber, als Indra vor mir“. so erklärt Kṛishṇa 7, 79, 33 = 2807: „Wer den Arjuna hasst, der hasst mich, wer ihm nachfolgt, der folgt mir nach“. Ihre innige Freundschaft wird das ganze Gedicht hindurch hervorgehoben, z. B. 2, 52, 31 = 1889: „Kṛishṇa ist die Seele des Arjuna und Arjuna die Seele des Kṛishṇa, was Kṛishṇa sagt, thut Arjuna ohne Besinnen. Kṛishṇa gäbe selbst den Himmel preis um Arjuna's willen“. Eben um dieser engen Verbindung willen musste die Ansicht über Arjuna stets sich richten nach den wechselnden, sich immer steigernden Vorstellungen, die man von Kṛishṇa und seiner Vortrefflichkeit ausbildete. Im alten Gedichte war, wie gesagt, Kṛishṇa nur ein Mensch, der listige aber moralisch zweideutige Anführer eines Hirtenvolkes, das sich sogar von ihm lossagt und gegen ihn kämpft. Welches Verhängniss die Inder trieb, einen solchen Menschen zu einer Incarnation des höchsten Gottes zu erheben, das ist für uns noch ein unerklärtes Räthsel; es müssen gewaltige politische wie religiöse Umwälzungen gewesen sein, welche dieses Resultat herbeigeführt haben. Der alte Kṛishṇa des Mahâbhârata muss verschmolzen worden sein mit einem ganz andern Kṛishṇa, wie er uns z. B. im Harivamça sich darstellt, dem vergötterten Stammeshelden einer tapferen und siegreichen Völkerschaft, mit deren mythologischen Vorstellungen die alte indische Götterwelt sich zurechtfinden musste. Von offenbaren Zusätzen abgesehen weiss das Mahâbhârata nichts von den Thaten, welche der Harivamça von Kṛishṇa berichtet, es kennt ihn nur als den Freund und Berather des Arjuna in dem grossen Kriege. Im Harivamça andererseits wird dieser Krieg gar nicht erzählt und nur selten berührt, z. B. 4038, wo Indra sich für seinen Sohn Arjuna, der mit seinen Vettern im Kriege begriffen sei, die Hilfe des Gottes Vishṇu ausbittet; überhaupt wird Arjuna, der im Mahâbhârata von Kṛishṇa unzertrennlich ist, im Harivaṁça, abgesehen von den Genealogieen, nur beiläufig erwähnt, z. B. 8141, wo erzählt wird, dass er dem Kṛishṇa beisteht im Kampfe gegen den Nikumbha, oder 8400 als Theilnehmer an den Festen in Dvârakâ, oder 9685, wo er den auf dem Pfeilbette liegenden Arjuna über die Grösse des Kṛishṇa belehrt. Die Vergottung des Kṛishṇa ist den älteren Theilen des Mahâbhârata noch ganz fremd, aber überall sind spätere Stücke, welche dieselbe lehren, eingeschoben, so dass man, im Ganzen genommen, sagen muss, dass diese Lehre von der Identität des Kṛishṇa mit dem höchsten Wesen, welche Lehre das ganze alte Gedicht so zu sagen auf den Kopf gestellt hat, im jetzigen Mahâbhârata schon ganz durchgedrungen ist. Ganz besonders wird die Gottheit des Kṛishṇa wie von Duryodhana geleugnet, so von Arjuna anerkannt; er sieht den Kṛishṇa in seiner eigentlichen Gestalt als das umfassende Urwesen 6, 35, 9 = 1255 und weiss von seinen Asurenkämpfen, seinen drei Schritten, von den verschiedenen Gestaltungen des „Weltenherren" (lokanâtha) zu erzählen 3, 12, 8 = 468. Wie nun auch immer jener Process der Vergottung des Kṛishṇa sich abgewickelt haben mag, sicher durfte, war er einmal Gott geworden, auch sein bester Freund kein gewöhnlicher Mensch mehr sein und selbst sein Rang als Sohn des Indra schien nicht mehr hoch genug. Zuerst nämlich hatte die Vergottung des Arjuna sich aus der Idee ergeben, dass er, als ein Sohn des Indra, an dessen Wesen Antheil habe; er ist eine theilweise Incarnation (aṁçâvatâraṇa) des Indra 1, 67, 111 = 2746, eine Gestaltung (rûpa) des Indra 1, 197, 41 = 7316, er ist Indra leibhaftig, sâkshât, 5, 49, 24 = 2351. Aber viel zahlreicher sind die Stellen, welche den Arjuna und den Kṛishṇa identificieren mit einem alten Büsserpaare, das sich zur Gottheit aufgeschwungen, mit Nara und Nârâyaṇa. Den Agni, der den Wald Khâṇḍava verbrennen will, weist Brahman an Arjuna und Kṛishṇa, diese seien die alten Götter (pûrvadevau) Nara und Nârâyaṇa, mit deren Hilfe er auch gegen den Willen des Indra seinen Zweck erreichen könne 1, 224, 8 = 8160 (B ist hier ausführlicher als C). Dasselbe erklärt eine Stimme vom Himmel dem über die Unbesiegbarkeit der beiden erstaunten Indra 1, 228, 18 = 8302. Dem Arjuna erklärt Kṛishṇa 3, 12, 46 = 505: „Du bist Nara und ich bin Hari Nârâyaṇa, in der Menschenwelt wiedergeboren; du bist kein anderer als ich und ich bin kein anderer als du." Ebenso sagt Yama 3, 41, 18 = 1681 zu Arjuna: „du warst früher ein alter Ṛishi mit Namen Nara, der jetzt auf Befehl des Brahman in die Menschenwelt gekommen ist. um die übervölkerte Erde zu erleichtern.“ Dasselbe sagt 3, 47, 10 = 1888 Indra zu Lomaça: „mein Sohn Arjuna ist der alte Ṛishi Nara“. Ebenso belehrt 3. 272. 29 = 15805 Çiva den Jayadratha, welcher sich der Busse widmet um den Arjuna zu tödten, es sei Arjuna der alte Herr der Sura. der Büsser in Badarî, Nara. der Freund des Nârâyaṇa, und einen solchen Liebling der Götter könne Niemand tödten. Bhîshma erzählt 5, 49, 5 = 1921, Arjuna sei dem Himmel entstiegen, er sei Nara, der alte Asurentödter, und schlechthin unbesieglich. da er mit Kṛishṇa ein einziges zweigetheiltes Ganze bilde. Dasselbe erzählt Râma. des Jamadagni Sohn. dem Dhṛitarâshṭra 5, 96, 49 = 3496; Devî oder Durgâ dem Arjuna selbst 6, 23, 18 = 810; Brahman den himmlischen Ṛishi 6, 66. 10 = 2982, wo Duryodhana. der diese beiden Gottheiten hasse, ein wilder Râkshasa genannt wird. Ebenso sagt Dhṛitarâshṭra 7, 11, 41 = 422, sein Sohn Duryodhana sei dem Verderben und dem Untergange verfallen. weil er die göttliche Natur des Kṛishṇa nicht zugebe, der mit Nârâyaṇa identisch sei, wie Arjuna mit Nara. Man sieht, Arjuna ist ein gläubiger Vischnuit. der schlechte Duryodhana ein Ketzer. Die Namen Nara und Nârâyaṇa werden auch mitten in der Erzählung des grossen Kampfes eingesetzt statt der Namen Arjuna und Kṛishṇa, aber allerdings nur in dem später eingefügten siebenten Buche 77, 2 = 2707; 81, 9 = 2894; 88. 19 = 3139. Auch durch die That erweist Arjuna seine Gottheit und übernatürliche Macht: er zwingt durch einen Pfeilschuss die Erde, eine Quelle hervorsprudeln zu lassen 6, 121, 19 = 5780 und in einer dieser Stelle nachgebildeten 7. 99, 59 = 3721 erschafft er auf gleiche Weise einen Teich mit Vögeln und Fischen und ein ganzes Waffenarsenal in einem einzigen Augenblicke. Dieselbe Idee, dass Arjuna eine Wiedergeburt des Nara sei, wird ferner ausgesprochen 7, 201, 86 = 9479 durch Çiva, 8, 16, 20 = 629 durch eine Stimme vom Himmel, 8. 87, 79 = 4451 durch Brahman und so noch an vielen andern Stellen. Vishṇu selbst sagt 12, 341, 11 = 13139: „Von Alters her gilt Arjuna als meine Wesenshälfte“.

Bei einer Erscheinung des Vishṇu ruht Arjuna diesem auf dem rechten Arme 5, 131. 8 = 4425. In der Bhagavadgîtâ erklärt Vishṇu seinem Zuhörer, er, Vishṇu, werde den Bhîshma und den Karṇa tödten, Arjuna werde nur das Werkzeug abgeben 6, 35, 32 = 1278. So steigt Arjuna zunächst durch seine Identificierung mit Nara, dem Freunde des Nârâyaṇa, dann durch die Gleichstellung des Nârâyaṇa mit dem höchsten Gotte Kṛishṇa-Vishṇu stufenweise empor, bis er schliesslich aufgeht in dem allmächtigen Weltenschöpfer Vishṇu, dessen Wesens er ein Theil ist.

Kehren wir aber zu dem Menschen Arjuna zurück und betrachten noch kurz sein Verhältniss zu seinen übrigen Freunden und Verwandten. Auch hier muss er nach der Tendenz der jetzigen Redaction des Mahâbhârata als Musterbild dastehen; es herrscht ungestörte Eintracht unter den fünf Brüdern und der älteste, Yudhishṭhira, wird von den andern wie ein Vater und König geehrt und das ganze spätere Hofceremoniell gegen ihn beobachtet. Zu seiner Heirath mit Subhadrâ holt Arjuna zuvor durch einen Eilboten die Erlaubniss des Yudhishṭhira ein 1, 219, 24 = 7929, „mit Urlaub des Yudhishṭhira“ begibt er sich auf Reisen 1, 222, 17 = 8066 und so durchweg. Im alten Gedichte war der muthlose und unentschlossene, im Glück prahlende, im Unglück verzagte Yudhishṭhira der steten Beihülfe des klugen Kṛishṇa benöthigt, um den Frieden in seiner Familie zu erhalten; von Zank und Zwist zwischen ihm und Arjuna finden sich noch jetzt Spuren, so an der schon besprochenen Stelle 1, 213, 21 = 7762, welche auf Eifersucht der Brüder wegen der Draupadî hindeutet, und in der Schmähreden des Arjuna und Yudhishṭhira 8, 70, 2 = 3493, welche zwar als nur pro forma gesprochen ausgegeben werden soll, aber doch den Eindruck des bittersten Ernstes macht. Freilich in der jetzigen Gestalt des Gedichtes sind alle derartigen Andeutungen möglichst verwischt; Yudhishṭhira, der ja seiner Tugend wegen allein, im achtzehnten Buche, zu Lebzeiten den Himmel betreten darf, ist sogar klüger und besonnener als selbst Arjuna; er allein von den Brüdern hat z. B. bei dem Abenteuer mit dem Yaksha, am Ende des dritten Buches, die Selbstüberwindung, aus der verzauberten Quelle nicht zu trinken, und die Weisheit, alle Räthselfragen des Yaksha zu beantworten. Nur soviel wird zugegeben, dass Arjuna, thatkräftiger und muthiger als sein ältester Bruder, dessen Kleinmuth oft aufrichtet und ihn zum Handeln drängt 5, 154, 23 = 5238; 6. 21, 3 = 762. Er vermittelt den Hader, der zwischen Yudhishṭhira und Bhîmasena auszubrechen droht 2, 68, 7 = 2257, wo der zornige Bhîmasena dem Yudhishṭhira beide Arme abbrennen will, weil er um die Draupadî gespielt, und hält diesen mit Zureden und mit Gewalt ab, das Spiel mit der Wucht seiner Fäuste zu stören. Gegen den wilden und rohen Bhîmasena tritt er überhaupt immer beschwichtigend auf; er hält ihn ab von unnützem Dahinschlachten wehrloser Feinde 3, 271, 37 = 15732 und schützt gefangene Gegner vor seinen rohen Misshandlungen, so den Drupada 1, 138, 61 = 5500, den Jayadratha 3, 272, 6 = 15782 (an welcher Stelle natürlich mit B zu lesen ist sarosham, den zornigen, statt virosham mit C, was das Gegentheil). Er erinnert ihn daran, dass die vom Feinde geschickten Gesandten sich nur ihres Auftrages entledigen und daher nicht geschmäht werden dürfen 5, 162, 37 = 5615 und hält den auch nach den grossen Kämpfen noch unversöhnlichen Bruder ab, dem alten Dhṛitarâshṭra unfreundlich zu begegnen 15, 12, 1 = 382. Dem zornigen und leidenschaftlichen Bhîmasena gegenüber ist Arjuna stets der besonnenere und mildere Charakter, rohe Grausamkeit liebt er nicht, aber der Tücke und dem Verrathe ist er zugänglich. Auch sein Verhältniss zur Draupadî, deren Besitz er mit seinen vier Brüdern theilt, ist beachtenswerth. Sie zieht ihn offenbar den andern Mitgatten vor; gegen die andern Frauen des Arjuna ist sie eifersüchtig. Als er nach seiner Heirath mit Subhadrâ ihr wieder vor Augen kommt, will sie ihn nicht sprechen: „Gehe du zu Subhadrâ“ 1, 221, 17 = 7978, und er hat Mühe sie zu versöhnen. Von Duḥçâsana misshandelt, ruft Draupadî nur nach Arjuna 2, 67, 33 = 2229. Den abreisenden Arjuna geleitet sie mit ihren Segenssprüchen 3, 37, 24 = 1479 und sehnt sich nach dem abwesenden 3, 80, 12 = 4001. Da Yudhishṭhira sich auf kurze Zeit von ihr trennt 3, 139, 19 = 10838, empfiehlt er sie dem Schutze des Bhîmasena mit den Worten: „Wenn Arjuna nicht zugegen ist, so bist du es, den Draupadî am meisten schätzt“. Auf der Reise trägt Arjuna die ermüdete Draupadî 4, 5, 8 = 149. Sie hetzt ihn fortwährend zum Kampfe: „Hohn deiner Bogenkunst, wenn Duryodhana nur einen Augenblick noch lebt“ 5, 82, 31 = 2901. Bei dem Tode der Draupadî am Himavat, auf der letzten Reise, sagt Yudhishṭhira, sie habe den Arjuna ihren andern Gatten gegenüber zu sehr bevorzugt und daher habe sie den Himmel nicht lebend erreichen dürfen 17, 2, 6 = 52. Im alten Gedichte war die Liebe der Draupadî zu Arjuna gewiss ein Hauptmotiv; ihm zu Liebe weist sie den Karṇa zurück, der sie offenbar eigentlich gewonnen hatte, und der ihr nach dem Spiele 2, 71, 3 = 2382 anräth. sie solle einen andern Gatten (d. h. doch wohl ihn selbst) wählen, um so dem Loose der Sklaverei zu entgehen.

Ueber das Verhältniss des Arjuna zu seinen beiden jüngsten Brüdern, den Söhnen der Mâdrî, ist nur zu bemerken, dass sie nach 5, 22, 16 = 660 seine Schüler im Waffenhandwerk sind. Dasselbe wird von Yuyudhâna gesagt, meistens nur in dem späteren siebenten Buche 110, 58 = 4192; 110, 99 = 4233; 142. 64 = 5942, doch auch 2, 4, 35 = 129. wo noch andere jüngere Vṛishṇi-Helden Schüler des Arjuna heissen.

Schliesslich mögen einige Nachweisungen über die Waffen und dann über die verschiedenen Namen des Arjuna folgen. Seine Hauptwaffe ist der von Brahman selbst verfertigte und von Soma an Varuṇa verschenkte Bogen Gâṇḍiva oder Gâṇḍiva, welchen er, nebst zwei Köchern, von Varuṇa durch Vermittlung des Agni zum Geschenke erhält 1, 225, 9 = 8182. Ausser dieser sagenberühmten Waffe aber hat er, nach der jetzigen Redaction des Gedichtes, Waffen von allen möglichen Göttern erhalten. So wird besonders ein von Indra geschenkter Bogen oft erwähnt, z. B. 6, 81, 41 = 3572, Çâkra 7. 93, 21 = 3358 oder Aindra 5, 141, 31 = 4786 genannt, ferner Waffen von Yama, Varuṇa, Kubera 3, 41, 25 = 1689, von diesen dreien und von Indra und Rudra 5, 169, 21 = 5870, von diesen fünfen und von Brahman 7. 76. 13 = 2691, von dem Windgotte Vâyu 6, 102, 19 = 4661;

7, 19. 22 = 774, sogar von Tvashṭar 7, 19, 11 = 763, kurz von einer Menge von Göttern 3, 164, 17 = 11899; 3, 245, 17 = 14995; 6, 121, 40 = 5801. Wahrscheinlich verdanken alle diese göttlichen Bogen und Schwerter, mit Ausnahme des Gâṇḍîva, ihre Erwähnung nur der immer zunehmenden Uebertreibung der spätern Bearbeitungen. Dies geht auch schon aus den sich widersprechenden Angaben hervor, welche über diese Waffen gemacht werden. Den Bogen Brahmaçiras z. B. erhält er 3, 91, 11 = 8417 im Himmel von Indra, aber nach 1, 139, 8 = 5524 hat er ihn schon viel früher von seinem Lehrer Droṇa empfangen. Ebenso verhält es sich mit dem von Çiva geschenkten Bogen Pâçupata; des Besitzes desselben rühmt sich Arjuna schon vor dem Kriege 5, 194, 12 = 7592, aber erst 7, 80, 19 = 2838 bis 81, 24 = 2909 wird erzählt, wie er ihn in der Nacht vom dreizehnten auf den vierzehnten Tag der Schlacht von Çiva erhält; und dass diese ganze Erzählung ein spätes Einschiebsel in das selbst erst nachträglich eingeschobene siebente Buch ist, geht daraus hervor, dass die darauf folgenden Worte: „Indem Kṛishṇa so mit Dâruka sich unterhielt, brach der Tag an“ genau sich anschliessen an die vor der nächtlichen Reise des Arjuna berichteten Begebenheiten, also diese ganze Episode nicht kennen. —

Die Pfeile sind mit seinem Namen bezeichnet 9, 14, 11 = 715. Von andern Waffen, ausser Pfeil und Bogen, ist verhältnissmässig selten die Rede; nur ausnahmsweise greift er zum Schwert oder zur Lanze. Sein Panzer ist von Gold 7, 84, 13 = 2987. Sein Muschelhorn, bei dessen wohlbekanntem Klang die Feinde zittern 8, 53, 22 = 2584, heisst Devadatta; sein Freund Maya hat es ihm aus dem See Bindusaras geholt 2, 3, 3 = 60; dagegen nach dem Einschiebsel 3, 174, 5 = 12278 hat er es nach seinem Siege über die Nivâtakavaca von Indra erhalten, nebst dem Diademe, von welchem er den Namen Kirîṭin führt. — Der Wagen des Arjuna ist derselbe, auf welchem fahrend ehemals der Gott des Mondes, Soma, die Dânava besiegte 1, 225, 13 = 8186, gefertigt von Bhaumana d. i. Viçvakarman mit Hilfe seiner Busse, und ebenfalls von Varuṇa auf Bitten des Agni dem Arjuna geschenkt, daher der Wagen auch ein Geschenk des Agni heisst 2, 25, 8 = 990. Er ist mit tausend Monden geziert und hundert Schellen erklingen an ihm 6, 22, 9 = 785. Das Banner ist ebenfalls von Viçvakarman verfertigt 5, 56, 9 = 2222. Als Abzeichen auf der Flagge dient das Bild eines Affen 6, 19, 28 = 723; 7, 105, 8 = 3933, nach andern Stellen genauer des Affenkönigs Hanumat, das schon bei der Schenkung des Wagens als anwesend erwähnt wird; nach einer andern, spätern Auffassung aber ist dies Bild Hanumat selbst. Denn 3, 151, 17 = 11334 verspricht derselbe, er werde zur Zeit des Krieges auf der Fahne des Arjuna leibhaftig erscheinen; er erfüllt dieses Versprechen 4, 46, 3 = 1438. Wie wörtlich diese Gegenwart des Hanumat genommen wurde, zeigt sich z. B. 8, 53, 9 = 2571: der Affe wird von einem Pfeile getroffen und schreit laut auf. Nach 4, 53, 23 = 1656 und 4, 67, 13 = 2147 sind auch sonst allerlei Dämonen, Bhûta, in der Fahne des Arjuna, und beim Beginne der Schlacht erheben der Affe und die Bhûta ein Geschrei 7, 88, 26 = 3146. — Berühmt sind auch die weissen Pferde des Arjuna, nach denen er selbst Çvetâçva, Cvetavâhana heisst; die Pferde selbst werden schwanenfarbig, haṁsavarṇa, genannt 8, 56, 90 = 2781. Es sind Gandharva-Pferde und sie können ihren Weg auch durch die Luft nehmen 5, 56, 13 = 2226. Nach dieser letzten Stelle hat Arjuna sie von Citraratha, einem Könige der Gandharva, erhalten, nach 3, 80, 24 = 4014 aber sie sich „im Norden“ gewonnen; nach 2, 27, 27 = 1035 führt er aus dem Lande der Ṛishika acht Pferde von der Farbe des Papageienbauches und nach 2, 28, 6 = 1043 aus dem Lande der Gandharva gefleckte Maṇḍûka-Pferde mit sich fort. Dagegen nach 1, 225, 10 = 8183 erhält Arjuna die weissen Gandharva-Pferde durch Agni von Varuṇa und 1, 170, 48 = 6483 bietet Citrasena, der Gandharva, dem Arjuna hundert Gandharva-Pferde an, dieser bittet aber sie einstweilen zu behalten, bis er ihrer bedürfe 1, 183, 4 = 6916. — Der Wagenlenker des Arjuna in dem grossen Kriege ist Kṛishṇa, vorher ein gewisser Pûru 2, 33, 30 = 1234.

Der Name Arjuna bedeutet „weiss“ und kommt im Mahâbhârata nicht, wie in der Brâhmaṇa-Literatur, auch als

Name des Indra vor. Er selbst denkt 4, 44, 20 = 1387 bei Erklärung seines Namens an ṛiju = gerade, aufrecht, führt ihn also auf die Bedeutung „aufrichtig, wahrhaft handelnd" zurück (çuddhakarmakaratvât, Nîl). Sehr gebräuchliche Nebennamen des Arjuna sind Dhananjaya, Phâlguna, Guḍâkeça, Vijaya, Jaya, Bîbhatsu, Jishṇu. Von seinen weissen Pferden hat er die Namen Çvetavâjin, Çvetavâhana, Çvetahaya, Çvetâçva, Çîtâçva. Von seiner Lieblingswaffe hat er die Namen Gâṇḍîvadhanvan, Gâṇḍîvin, und von seiner Fertigkeit, sie ebenso leicht mit der linken Hand zu regieren, heisst er Savyasâcin. Sein Banner mit dem Affenbilde ist die Veranlassung zu zahlreichen Namen: Kapidhvaca, Kapipravaraketana, Kapirâjaketu, Kapirâjadhvaca, Vânaraketana, Vânaradhvaja, Vânarapravaradhvaja, Çâkhâmṛigadhvaja. Auf sein Diadem beziehen sich die Namen Kirîṭabhṛit, Kirîṭamâlin, Kirîṭavat und das sehr häufige Kirîṭin. Eine Menge Patronymika bezeichnen ihn als Sohn des Götterkönigs: Indrasuta, Indrâtmaja, Indrâvaraja, Aindri, Pâkaçâsani, Mahendratanaya, Mahendrasûnu, Vâsavanandana, Vâsavi, Çakrasûnu, Cakrâtmaja, Surarâjaputra; der Name Indrarûpa bezeichnet ihn als eine Gestaltung des Indra. Nach seinem irdischen Vater Pâṇḍu heisst er Pâṇḍuputra, Pâṇḍusuta, Pâṇḍunandana, Pâṇḍava; nach seiner Mutter Kuntîputra, Kaunteya, Pârtha; nach seinen Ahnherrn Kaurava, Bhârata, Paurava; nach einer Ahnfrau seines Geschlechtes Tâpatya. Weil Kṛishṇa sein Wagenlenker ist, heisst er Kṛishṇasârathi, aber sehr oft auch geradezu Kṛishṇa, und, weil dieser mit Nârâyaṇa identificiert wurde, an einzelnen Stellen auch Nara. Nach seinem älteren Bruder endlich heisst er Bhîmasenânujâta und am Hofe des Virâṭa nimmt er den Namen Bṛihadnalâ an.